I0701985

VAMPIRI

"VAMPIRI":

Scritto da: Morgana Bloodworth
Editor: Christian Francesco Schio
Immagini by: Christian Schio (AI prompts)

Lanzarote - 2023

Lanzaware Informatica

Prólogo

Nella notte più oscura, quando il mondo si avvolge nel manto del silenzio e delle ombre, il mito dei vampiri si risveglia. È un mito che attraversa le ere, un enigma che ha affascinato l'immaginazione umana per secoli. I vampiri, creature delle tenebre, hanno sempre suscitato un profondo mix di terrore e fascino, incatenando l'umanità con il potere dell'immortalità e la promessa di poteri sovrannaturali.

Mi chiamo Morgana Bloodworth, e con questo libro, "Vampiri," ho intrapreso un viaggio nel cuore delle leggende e delle credenze che circondano queste misteriose creature. In questo volume, non troverai racconti romantici o storie di vampiri scintillanti sotto la luce del sole. Invece, ti invito a un viaggio attraverso il mondo delle teorie scientifiche, delle origini storiche e delle paure profonde che hanno nutrito il mito dei vampiri.

Il mio interesse per i vampiri è nato dalla curiosità scientifica, dall'ardore per l'esplorazione della cultura e dalla sete di conoscenza. Ho cercato di distillare la vasta gamma di informazioni disponibili su questo argomento e presentarla in modo chiaro e accessibile. Questo libro è una guida, una risorsa per coloro che desiderano scoprire cosa si cela dietro le leggende dei vampiri, cosa si può trovare nella storia, nella scienza e nella psicologia di queste creature notturne.

Nel corso di queste pagine, esploreremo le origini dei vampiri, le possibili spiegazioni scientifiche per il loro mito, le storie dei vampiri nel corso dei secoli e i poteri che la leggenda attribuisce loro. Analizzeremo anche le paure comuni e i luoghi comuni che circondano queste creature, cercando di gettare luce su ciò che si nasconde nelle ombre della notte.

Ma prima di immergerci in questo mondo di mistero e oscurità, ti invito a lasciare da parte le tue preconcette idee sui vampiri. Abbandona per un momento le immagini create dal cinema e dalla letteratura popolare. Preparati a scoprire i vampiri da un punto di vista diverso, attraverso gli occhi della scienza, della storia e della cultura.

Prendi per mano la tua guida e avventurati con me in un viaggio attraverso le notti senza fine, alla scoperta del mito dei vampiri. Sarà un viaggio ricco di sorprese, scoperte e riflessioni. Spero che, alla fine di questo percorso, avrai acquisito una comprensione più profonda di queste creature affascinanti e che avrai una visione più chiara di ciò che si cela dietro le ombre della notte.

Benvenuto nel mondo dei vampiri. La verità ti attende, pronta a essere svelata.

Morgana Bloodworth

Capitolo 1

Introduzione al Mito dei Vampiri

Nel cuore della notte, quando il silenzio avvolge la terra e le ombre si allungano, emergono dalle leggende più oscure le creature della notte: i vampiri. Queste entità demoniache, nate da millenni di paure umane e superstizioni, si nascondono nell'ombra, pronte ad afferrare chiunque si avvicini troppo al loro regno di terrore.

Non si tratta di un mito da sottovalutare, né di una fiaba innocua. I vampiri sono demoni senza scrupoli, assetati di sangue e desiderosi di perpetuare la loro maledizione. Non sono i romantici eroi dell'oscurità che talvolta troviamo in alcune opere di narrativa moderna. No, i vampiri sono creature da temere, da evitare, da respingere con ogni forza.

Sono predatori implacabili che si muovono nell'oscurità, guidati dalla loro sete insaziabile di sangue umano. Questa non è una sete fisica, ma una brama innaturale, una pulsione malvagia che li spinge a cacciare e a succhiare la vita stessa dalle loro vittime. Non c'è pietà, né compassione, solo l'implacabile desiderio di sopravvivere attraverso il sacrificio altrui.

Da millenni, queste creature oscure hanno perseguitato l'umanità. Le leggende dei vampiri risalgono alle epoche più remote della storia umana, quando le storie di esseri simili erano narrate attorno a fuochi notturni e sussurrate tra le mura delle case. Lilith, la madre dei demoni e delle creature della notte, è solo uno dei nomi che risuonano attraverso i secoli.

L'immortalità è la maledizione che li lega alla notte per l'eternità. Non è un dono, ma una condanna. Sono costretti a vagare nell'oscurità, lontani dalla luce del sole, privati delle gioie e dei conforti della vita umana. L'immortalità li isola, li rende solitari, li separa dall'umanità che un tempo condividevano.

I poteri che posseggono sono sovrannaturali e inquietanti. La forza sovrumana, la velocità e l'abilità di ipnotizzare le loro vittime li rendono avversari formidabili. La loro abilità di manipolare la mente umana è particolarmente inquietante, poiché li rende capaci di controllare le loro prede, spingendole verso un destino oscuro.

Ma nonostante la loro potenza, i vampiri hanno delle debolezze. L'argento e l'aglio sono considerati armi contro di loro. L'argento, in particolare, può ferirli gravemente, se non addirittura distruggerli. L'aglio, invece, è visto come un deterrente che li allontana, come una barriera contro il loro malefico influsso.

Il processo di diventare un vampiro è oscuro e terrificante. La trasformazione avviene attraverso il morso di un vampiro, che inietta il suo veleno nell'ignara vittima. Questo veleno cambia irrimediabilmente la persona, trasformandola in un non morto, condannato a vagare nell'eternità come una creatura delle tenebre.

Questo libro, "Vampiri," ti condurrà attraverso le profondità oscure di questo mito, esplorando le sue origini, le possibili spiegazioni scientifiche dietro di esso e le leggende che lo circondano. Non è una lettura da prendere alla leggera. I vampiri sono creature da temere, e il nostro viaggio ti svelerà perché.

La sete insaziabile dei vampiri è una delle loro caratteristiche più spaventose e pervasivamente oscure. Non è una semplice brama, né una necessità fisiologica, ma piuttosto una pulsione innaturale e malvagia che li domina, spingendoli implacabilmente a cercare e consumare il sangue umano.

Immagina per un momento questa sete, non come la fame o la sete che noi, esseri umani, conosciamo, ma come un vuoto profondo e malefico che si insinua nell'anima dei vampiri. È una brama che non può essere soddisfatta con il cibo o con il liquido vitale che scorre nelle vene degli esseri umani. È una brama che non conosce sazietà, né tregua. Una brama che li spinge sempre avanti, come una maledizione da cui non possono sfuggire.

Questi predatori della notte non si nutrono per sopravvivere fisicamente, ma per mantenere la loro esistenza innaturale. Il sangue umano è la loro fonte di potere, la loro linfa vitale, il carburante che li mantiene in vita per l'eternità. Non si tratta di una scelta, ma di una necessità. Il sangue umano è la chiave per la loro immortalità e per i poteri sovrannaturali che possiedono.

E mentre la loro sete cresce, diventa un'ossessione, una compulsione che domina ogni loro pensiero. Si tratta di una brama che li riduce a creature spietate e disumane, pronte a qualunque atrocità pur di soddisfare il loro desiderio. Non c'è posto per la compassione o per la moralità nella psiche di un vampiro. Sono schiavi della loro sete, prigionieri della loro maledizione.

Le loro vittime umane sono scelte con cura, come un predatore che seleziona la preda più vulnerabile e desiderabile. Gli umani non sono altro che pezzi di un puzzle, scelti per soddisfare quella brama innaturale. Il morso del vampiro, freddo come la morte stessa, penetra nelle vene della vittima, succhiando via la vita, lasciando dietro di sé solo vuoto e morte.

La sete insaziabile dei vampiri è la forza che li guida nella notte, la loro maledizione eterna. È una caratteristica che va al di là di ogni comprensione umana, una pulsione malvagia e implacabile che li rende creature da temere e da respingere con ogni mezzo possibile. Niente può placare questa sete, niente può fermarli nella loro caccia eterna. E mentre esploriamo le profondità oscure di questo mito, ricorda sempre che i vampiri sono pericoli reali, creature delle tenebre che vanno temute.

Le radici delle leggende dei vampiri affondano profondamente nell'oscurità del passato, risalendo a ere antiche e mitiche che si perdono nella notte dei tempi. Queste creature maledette, o esseri simili a vampiri, hanno gettato una lunga ombra sulla storia dell'umanità, incarnando il terrore notturno delle civiltà antiche.

Una delle prime tracce che possiamo rintracciare ci porta nella mitologia ebraica, dove incontriamo la figura di Lilith. Lilith è stata descritta come una creatura ribelle, una figura demoniaca che si ribellò alle autorità divine e abbracciò l'oscurità. Si dice che Lilith si sia unita ai demoni notturni, nutrendosi del sangue dei neonati e dei bambini indifesi. La sua figura incarna l'antica paura delle creature che emergono nell'oscurità per mietere vite umane.

Ma le leggende dei vampiri non si fermano qui. Se esploriamo le profondità della mitologia babilonese, incontriamo l'Ekimmu, un'entità simile a un vampiro che vagava tra i vivi e i morti. L'Ekimmu era una creatura assetata di vendetta, in cerca di giustizia per le ingiustizie subite durante la sua vita terrena. Si diceva che potesse portare malattie e morte a coloro che osavano sfidarla, confermando così il suo status di essere temuto.

Nel mondo greco antico, incontriamo le Lamie, creature demoniache che si nutrivano del sangue dei bambini e degli innocenti. Queste creature erano associate alla notte e all'oscurità, e la loro fama si diffuse ampiamente nell'antichità.

In Egitto, l'antico dio Sekhmet era una divinità feroce associata al sangue e alla distruzione. Si diceva che bevve il sangue degli uomini come punizione per la loro disobbedienza.

In India, le leggende delle Rakshasa, demoni notturni che si nutrivano di carne umana, risalgono a tempi immemorabili. Questi esseri malvagi incarnavano l'oscurità e il terrore delle notti indiane.

Questi sono solo alcuni esempi delle antiche leggende che trattano di creature simili ai vampiri. La presenza di queste entità oscure in così tante culture diverse è un testimone dell'oscurità che ha sempre affascinato e terrorizzato l'umanità. Non si tratta di semplici storie da dimenticare, ma di racconti che si sono tramandati attraverso i secoli, gettando una luce sinistra sulla nostra comprensione del mondo e delle forze oscure che lo abitano.

Mentre procediamo in questo viaggio nell'oscurità dei vampiri, ricorda sempre che queste leggende antiche sono il fondamento su cui si sono costruite le moderne leggende dei vampiri. E sebbene possano sembrare lontane nel tempo e nello spazio, queste creature dell'oscurità sono ancora presenti, pronte a riemergere nell'immaginario collettivo. Sono esseri da temere e da rispettare, e il nostro viaggio alla loro scoperta continuerà a svelare i misteri che li circondano.

L'immortalità dei vampiri, spesso erroneamente considerata un dono, è in realtà una maledizione terribile, un destino da cui non c'è scampo. Essi sono condannati a un'eternità di solitudine, lontani dalla luce del giorno, costretti a vivere nell'oscurità senza fine.

Immagina per un istante il peso di un'immortalità eterna. Non si tratta della semplice capacità di vivere per sempre, ma di essere intrappolati in una condizione senza fine, di assistere impotenti al fluire degli anni e dei secoli, mentre il mondo cambia intorno a loro. L'immortalità dei vampiri è un'agonia perpetua, una condizione che li isola dalla gioia della vita umana e li separa da tutto ciò che è bello e luminoso.

La luce del sole, un elemento così vitale per gli esseri umani, è un nemico implacabile per i vampiri. Essi devono evitare la luce del giorno come una piaga, poiché essa può annientarli in un istante. Il sole, simbolo di vita e speranza, diventa per loro una minaccia costante, costringendoli a ritirarsi nelle tenebre e a nascondersi dalla luce che tanto desiderano, ma che non possono mai avere.

L'immortalità che possiedono non è una benedizione, ma una condanna. Sono destinati a vedere le persone a cui tengono invecchiare, soffrire e morire, mentre loro rimangono inalterati, intrappolati in corpi che non invecchiano mai. Questa solitudine eterna li tormenta, portandoli sempre più lontani dalla loro umanità.

Mentre attraversiamo le profondità oscure di questo mito, è essenziale comprendere che l'immortalità dei vampiri è una maledizione da cui essi stessi vorrebbero fuggire. Ma non c'è via d'uscita. Sono intrappolati in un ciclo eterno di oscurità, privati della luce del giorno, condannati a una solitudine senza fine.

I vampiri, creature delle tenebre, sono dotati di una serie di poteri sovrannaturali che li rendono formidabili e spietati predatori nella notte. Questi doni innaturali non sono da sottovalutare, poiché li rendono avversari temibili, in grado di muoversi tra le ombre e di sconfiggere gli esseri umani con relativa facilità.

La forza sovrumana dei vampiri è uno dei loro poteri più noti e impressionanti. Essi possiedono una forza che va ben oltre quella degli esseri umani. Possono sollevare pesi impossibili, abbattere porte di legno massiccio con facilità e sconfiggere gli avversari in corpo a corpo senza sforzo apparente. Questa forza li rende formidabili in combattimento e difficili da sconfiggere fisicamente.

La velocità dei vampiri è altrettanto spaventosa. Sono in grado di muoversi a una velocità che sfida la comprensione umana. Si librano attraverso le tenebre con una grazia e una rapidità sovrumane, sfuggendo facilmente agli occhi dei loro nemici. Questa velocità li rende inafferrabili, consentendo loro di attaccare e ritirarsi prima che le loro vittime possano reagire.

Ma forse uno dei poteri più pericolosi dei vampiri è la loro abilità di ipnotizzare le loro vittime. Con uno sguardo penetrante e ipnotico, possono influenzare le menti umane, controllandole e piegandole alla loro volontà. Questa capacità di manipolare le menti umane è un'arma potente, poiché li rende capaci di guidare le loro prede verso il loro destino oscuro.

Non c'è pietà, né misericordia nei poteri dei vampiri. Queste abilità sovrannaturali li trasformano in predatori spietati, capaci di cacciare e uccidere con precisione chirurgica. Sono creature delle tenebre che non conoscono la compassione, né la moralità. La loro sete insaziabile di sangue umano è guidata da queste abilità straordinarie, che li rendono avversari da temere.

Continueremo a esplorare i segreti e i misteri che circondano questi poteri, per aiutarti a comprendere appieno la minaccia che i vampiri rappresentano per il mondo delle creature viventi.

Nonostante la loro potenza sovrannaturale, i vampiri sono vulnerabili a diverse debolezze, tra cui due delle più famose: l'argento e l'aglio. Questi elementi, apparentemente comuni, sono considerati armi contro queste creature delle tenebre e hanno una storia lunga e oscura nella lotta contro i vampiri.

L'argento, noto per la sua lucentezza e la sua bellezza, è una delle debolezze più temibili dei vampiri. Anche se potrebbero sembrare invulnerabili, il contatto con l'argento può infliggere ferite profonde e dolorose. L'argento è stato a lungo considerato un elemento purificatore, capace di respingere le forze oscure, e questa credenza si è radicata nell'immaginario collettivo. Coltelli, proiettili o armi impregnate d'argento sono spesso usati nei racconti di caccia ai vampiri per sconfiggerli o almeno ferirli gravemente.

L'aglio, invece, è noto per la sua pungente fragranza e il suo sapore penetrante. Questo bulbo bianco è stato a lungo associato a poteri protettivi contro il male. L'odore e la presenza dell'aglio sono considerati un deterrente naturale contro i vampiri. Si crede che l'aglio li allontani e che possa proteggere le persone e le case dalla loro influenza malefica. Spesso, nei racconti, si trova l'aglio posizionato in punti strategici, come sopra le porte e le finestre, per tenere lontane queste creature dell'oscurità.

Queste debolezze, argento e aglio, offrono una piccola speranza contro la minaccia dei vampiri. Tuttavia, è importante sottolineare che queste creature sono astute e possono evitare o superare tali ostacoli quando possibile. La loro immunità ai poteri dell'argento e dell'aglio è un segno della loro natura sovrannaturale, ma non significa che siano invincibili.

Uno dei limiti più noti e intriganti associati ai vampiri è la loro incapacità di entrare in una casa senza essere invitati. Questa antica credenza è stata ampiamente diffusa nelle leggende e nelle opere di narrativa che trattano di vampiri, e aggiunge un elemento di tensione e suspense alle storie.

L'idea che i vampiri non possano entrare in una casa a meno che non siano invitati ha radici antiche e diverse interpretazioni culturali. Questa credenza è spesso considerata un simbolo della sacralità del proprio spazio domestico e della protezione contro le forze malefiche. Invitare un vampiro all'interno della propria casa rappresenterebbe un atto di accettazione o di complicità con il male, consentendo così al vampiro di penetrare nel luogo sicuro e privato dell'individuo.

Nelle storie di vampiri, questo limite può creare situazioni drammatiche. Il vampiro può tentare di convincere o sedurre la sua vittima a invitarlo, sfruttando abilmente la sua abilità di ipnotizzare le menti umane. Questa lotta tra la volontà della vittima e il desiderio del vampiro di entrare nella casa può aggiungere suspense e drammaticità alla narrazione.

È importante notare che questa credenza non è sempre presente in tutte le interpretazioni dei vampiri e può variare da una storia all'altra. Alcuni autori e registi scelgono di ignorare questo limite, mentre altri lo incorporano come parte essenziale del mito dei vampiri. Tuttavia, l'idea che un vampiro debba essere invitato all'interno di una casa è una delle caratteristiche più riconoscibili e persistenti nel folklore dei vampiri.

Questo limite, come molti altri aspetti del mito dei vampiri, contribuisce a creare un senso di pericolo e di vulnerabilità nelle storie in cui appare.

Il processo di trasformazione in un vampiro è uno dei misteri più oscuri e inquietanti associati a queste creature delle tenebre. Si tratta di un rituale oscuro e profano, una metamorfosi che avviene attraverso il morso di un vampiro e che segna la perdita irreversibile della propria umanità.

Immagina un momento così terribile, in cui il morso freddo e letale di un vampiro penetra nella tua carne. È un'esperienza atroce e dolorosa, ma non è solo la ferita fisica che deve preoccuparti. Il veleno del vampiro, iniettato nel tuo corpo durante il morso, inizia a trasformarti dall'interno, cambiando ogni aspetto della tua esistenza.

La trasformazione in un vampiro è un processo graduale e terrificante. Le vittime cominciano a sentire i cambiamenti nel loro corpo, come un'oscurità che si insinua dentro di loro. La loro sete di sangue umano cresce, diventando una brama insaziabile che domina ogni pensiero e desiderio. La loro pelle diventa pallida come la morte stessa, i loro occhi diventano luminosi e inumani.

La trasformazione coinvolge la perdita della propria umanità. Le emozioni e le connessioni umane si sfumano, lasciando spazio a una freddezza e a una distanza emotiva. La compassione e la pietà svaniscono, lasciando posto solo alla brama di sangue e alla sete di potere.

La vittima diventa un non morto, legato a un destino eterno come una creatura delle tenebre. L'immortalità diventa una maledizione, mentre la luce del giorno diventa un nemico implacabile. La vita umana, con tutte le sue gioie e i suoi conforti, è perduta per sempre.

Ma la trasformazione in un vampiro non è solo fisica ed emotiva. Coinvolge anche l'acquisizione di poteri sovrannaturali, come la forza, la velocità e l'ipnotismo, che rendono il vampiro una minaccia formidabile. Questi poteri servono a garantire la sopravvivenza della creatura e a facilitare la caccia alle sue vittime.

Mentre esploriamo i segreti e gli orrori della trasformazione in un vampiro, ricorda che questo processo è irrevocabile. Una volta iniziato, non c'è via d'uscita, e la vittima è condannata a vagare nell'eternità come una creatura delle tenebre. È una metamorfosi che va al di là della comprensione umana, una condanna eterna all'oscurità che rappresenta uno dei più grandi orrori associati ai vampiri.

Nel corso della storia, l'umanità ha affrontato il terrore delle creature delle tenebre attraverso l'azione coraggiosa di individui noti come cacciatori di vampiri. Questi eroi sono emersi da diverse culture e epoche, con l'obiettivo di liberare il mondo da queste minacce oscure e svelare i segreti dei vampiri.

I cacciatori di vampiri sono spesso individui coraggiosi e determinati, motivati dalla volontà di proteggere le loro comunità e di porre fine alla minaccia dei vampiri. Hanno sviluppato una vasta gamma di metodi, rituali e conoscenze per localizzare, sconfiggere e distruggere i vampiri. Le loro storie sono intrise di un senso di missione e di un impegno inestimabile per sconfiggere il male.

Tra le diverse culture, i cacciatori di vampiri hanno adottato diverse strategie e metodi. Alcuni utilizzavano oggetti sacri, come croci e acqua santa, per respingere i vampiri. Altri impiegavano armi impregnate d'argento o affilavano pali di legno per trapassare il cuore dei non morti. Alcuni cacciatori sviluppavano abilità sovrannaturali, come la capacità di riconoscere i vampiri tra gli umani normali o di resistere agli incantesimi ipnotici dei vampiri.

Ma nonostante la loro determinazione, i cacciatori di vampiri affrontavano sfide immense. I vampiri erano creature potenti, con abilità sovrannaturali che li rendevano avversari formidabili. La loro immunità ai poteri dell'argento e dell'aglio li rendeva difficili da sconfiggere. Inoltre, la capacità di camuffarsi tra gli esseri umani rendeva difficile identificarli e smascherarli.

Le storie dei cacciatori di vampiri sono intrise di sacrificio e coraggio. Spesso erano costretti a combattere in condizioni estreme, sfidando le tenebre e rischiando la loro stessa vita per proteggere gli altri. La loro lotta contro il male incarnato nei vampiri è un riflesso della tenacia dell'umanità di fronte alle forze oscure e misteriose.

L'oscurità dell'anima dei vampiri è uno degli aspetti più inquietanti della loro natura. Queste creature delle tenebre sono completamente prive di anima, e questa mancanza è ciò che li separa in modo definitivo dalla compassione e dalla moralità umana. Sono esseri senza scrupoli, pronti a compiere qualsiasi atrocità per soddisfare la loro insaziabile sete di sangue.

Immagina un essere privo di qualsiasi empatia o pietà. Un vampiro non prova alcun rimorso o senso di colpa per le sue azioni, perché la sua anima è perduta per sempre. La compassione e l'amore, che sono tratti distintivi dell'umanità, sono del tutto assenti in loro. Sono creature fredde, spietate e determinate a sopravvivere a qualsiasi costo.

La loro sete di sangue è la forza che domina ogni loro azione. È una brama insaziabile, una pulsione malvagia che li spinge a cacciare e a succhiare la vita dalle loro vittime. Non esiste per loro alcuna considerazione per la sofferenza altrui. Il sangue umano è la loro unica preoccupazione, e sono disposti a fare qualsiasi cosa per soddisfare questa fame maledetta.

L'oscurità dell'anima dei vampiri li rende predatori implacabili, incapaci di empatia o di comprensione verso le sofferenze degli esseri umani. Sono esseri che non conoscono il significato del perdono o della redenzione. La loro natura malvagia è intrinseca e immutabile, e questa mancanza di anima è ciò che li rende una minaccia così formidabile per l'umanità.

Il scopo principale di questo libro è chiaro: non è un'apologia per i vampiri, né un'ode alla loro immortalità. Questa guida è stata creata con l'obiettivo di esplorare le radici oscure e le implicazioni spaventose delle creature vampiriche. È un tentativo di gettare luce su un mito che ha affascinato e spaventato l'umanità per secoli, sottolineando che i vampiri sono esseri da temere e da evitare, piuttosto che adorare o idealizzare.

In un'epoca in cui i vampiri sono stati romantizzati e resi affascinanti dalla cultura popolare, è importante ricordare che la loro natura è intrinsecamente malvagia e pericolosa. Questo libro si sforza di presentare una visione completa e realistica dei vampiri, mettendo in risalto la loro sete di sangue, la loro mancanza di anima e il loro potenziale per il male.

Non vogliamo incutere paura ingiustificata o paranoia nei lettori, ma piuttosto fornire loro le informazioni necessarie per comprendere la vera natura dei vampiri. Questa conoscenza può essere un'arma potente per difendersi dalle minacce oscure, sebbene sia importante ricordare che i vampiri sono creature dell'immaginario collettivo e non reali.

Questo libro ti guiderà attraverso il mito dei vampiri, esaminando le loro origini storiche, le loro caratteristiche chiave, i loro poteri sovrannaturali e le leggende che li circondano. Esploreremo anche la storia dei cacciatori di vampiri e le debolezze che possono essere utilizzate per contrastare queste creature delle tenebre.

Mentre procedi nella lettura di questo libro, tieni sempre presente che il mito dei vampiri è una rappresentazione dell'oscurità e del male, e che è importante affrontare queste creature con la dovuta cautela. Le storie di vampiri possono essere affascinanti e avvincenti, ma non dobbiamo mai dimenticare che sono esseri da temere e da evitare, piuttosto che abbracciare o ammirare. La conoscenza è il tuo miglior alleato nella lotta contro le minacce oscure, e speriamo che questo libro ti fornisca le informazioni di cui hai bisogno per affrontare il mito dei vampiri con occhi aperti e mente sveglia.

Capitolo 2

Le Origini Mitiche dei Vampiri

Nel corso della storia umana, ci addentriamo in un mondo oscuro e misterioso, alla ricerca delle prime tracce di creature simili ai vampiri che emergono dall'oscurità dei tempi antichi. Questi esseri oscuri, i precursori dei vampiri moderni, hanno lasciato indelebili segni nelle leggende e nelle mitologie di varie civiltà, gettando un'ombra inquietante sul passato dell'umanità.

Le loro storie risalgono a ere remote, quando le civiltà antiche lottavano con le paure dell'ignoto e dell'oscuro. In questo capitolo, esploreremo queste prime tracce, cercando di far luce su quelle leggende e quelle credenze che ci danno un assaggio dei terribili esseri che in seguito sarebbero diventati i vampiri.

Attraverso la lente del tempo, possiamo intravedere il sottile confine tra realtà e mito, poiché le culture antiche cercavano di dare spiegazioni a eventi inspiegabili. Queste prime tracce ci parlano di esseri che si nascondevano nelle ombre, creature notturne che facevano rabbrividire gli uomini e le donne dell'antichità.

Esploreremo adesso una delle figure mitiche più antiche associata ai vampiri: Lilith, la donna della notte, presente nella mitologia ebraica. Una figura tanto seducente quanto pericolosa, che incarna l'essenza stessa della notte e del male. Continuando questo viaggio nell'oscurità, scopriremo come Lilith e altre figure mitiche abbiano gettato le fondamenta per il mito dei vampiri che conosciamo oggi.

Lilith, la Donna della Notte

Nel vasto panorama delle mitologie del mondo, poche figure possono rivaleggiare con l'antichità e la malvagità di Lilith, una delle prime figure mitiche associate ai vampiri nella mitologia ebraica. Il suo nome, pronunciato a bassa voce, evoca un senso di inquietudine e oscurità, proprio come l'ombra che si estende nell'oscurità della notte.

Lilith è stata spesso descritta come una creatura ribelle e seducente, una donna della notte che vagava nell'oscurità in cerca di prede, alimentando la sua sete di sangue, in particolare il sangue dei bambini. Questa figura mitica rappresenta un'antica incarnazione del mito dei vampiri, incarnando l'essenza stessa della perversità e della lussuria notturna.

Nelle storie della mitologia ebraica, Lilith è stata descritta come la prima moglie di Adamo, creata da Dio in modo simile a lui, ma fuori dallo stesso fango. La sua ribellione contro il suo ruolo subordinato, la sua disobbedienza e la sua fuga dal Giardino dell'Eden la portarono a diventare una creatura della notte, lontana dalla luce divina.

Lilith è stata spesso associata a incubi e visioni notturne spaventose. Si credeva che si aggirasse tra le ombre, attirando gli uomini e i bambini nelle sue trappole, per nutrirsi del loro sangue e della loro energia vitale. La sua bellezza era affascinante e ingannevole, un esca per coloro che si avvicinavano troppo.

Questa figura mitica non rappresenta solo una creatura seducente e malvagia, ma incarna anche l'idea di una ribellione contro l'ordine divino. La sua disobbedienza e il suo rifiuto delle leggi divine l'hanno trasformata in una figura demoniaca, simbolo di tutto ciò che è oscuro e peccaminoso.

L'associazione tra Lilith e i vampiri ci mostra come, sin dai tempi antichi, l'umanità abbia proiettato le proprie paure e il proprio fascino per l'oscurità in creature come lei. La figura di Lilith rappresenta una delle prime pietre miliari nel mito dei vampiri, e la sua presenza ci ricorda che, nelle profondità della notte e dell'oscurità, le minacce possono nascondersi, pronte a scagliarsi contro coloro che si avventurano troppo lontano nell'oscurità.

L'Ekimmu Babilonese

Nelle antiche leggende babilonesi, immergiamoci nelle ombre del passato per scoprire l'Ekimmu, una creatura non morta di natura vendicativa che vagava sulla Terra in cerca di riparazione per offese subite in vita. Questo essere oscuro e famelico rappresenta un'altra antica incarnazione del mito delle creature succhiasangue, gettando un'ombra sinistra sulle credenze dell'antica Babilonia.

L'Ekimmu, a differenza dei vampiri romantici della letteratura moderna, non era guidato dalla lussuria o dalla seduzione, ma dalla rabbia e dalla sete di vendetta. Questa creatura, secondo le leggende, era il risultato di una morte ingiusta o violenta, il che la rendeva ancor più pericolosa e assetata di vendetta.

Si credeva che l'Ekimmu si nutrisse dell'energia vitale degli esseri umani, non dissimile dalla sete di sangue dei vampiri successivi. Era una creatura che vagava nell'oscurità, in cerca di coloro che avevano causato la sua morte o il suo tormento in vita, desiderosa di ripagare il male subito.

Questo mito babilonese ci offre un'ulteriore prova dell'antica connessione tra l'umanità e il concetto di creature non morte che si nutrono dell'energia vitale altrui. L'Ekimmu, come Lilith e altre figure simili nelle mitologie di diverse culture, simboleggia le paure profonde dell'umanità nei confronti dell'oscurità e delle vendette dell'aldilà.

Mentre esploriamo le origini mitiche dei vampiri, è importante tenere presente che queste antiche credenze riflettono la natura universale delle paure umane e della lotta contro le minacce oscure. Anche se le leggende dell'Ekimmu ci trasportano in un mondo antico e lontano, ci ricordano che le creature della notte e le loro sete di vendetta sono temi che hanno affascinato e spaventato l'umanità per millenni.

I Vampiri nell'Antico Egitto

Nel fitto groviglio di miti e leggende che costellano l'antico Egitto, possiamo intravedere sfumature delle credenze nei vampiri, anche se in una forma leggermente diversa rispetto a quanto comunemente associato ai vampiri moderni. Le mummie, una caratteristica iconica dell'antica civiltà egizia, rappresentano una delle prime incarnazioni delle creature non morte e potrebbero essere considerate precursori del mito dei vampiri.

Le mummie erano cadaveri umani preparati con metodi di imbalsamazione per la conservazione dopo la morte. Sebbene questo processo fosse finalizzato a preservare il corpo per l'aldilà e non avesse nulla a che fare con la sete di sangue, alcune credenze egizie attribuivano alle mummie poteri sovrannaturali. Si credeva che le mummie potessero tornare in vita e causare danni agli esseri umani, specialmente a coloro che disturbavano le loro tombe.

Questa credenza potrebbe non corrispondere alla tradizionale immagine dei vampiri moderni, ma condivide alcune somiglianze. Entrambe le creature, infatti, rappresentano la paura dell'aldilà e delle forze sovrannaturali, oltre al concetto di non morte. Le mummie egizie erano considerate non morte in grado di agire nell'aldilà e, in alcuni casi, nel mondo dei vivi.

Anche se la figura delle mummie non si nutriva del sangue umano come i vampiri tradizionali, la loro associazione con la non morte e la loro capacità di infliggere danni agli esseri umani erano motivo di timore. Questa credenza riflette l'antica connessione tra l'umanità e la paura delle creature non morte, una connessione che sarebbe poi evoluta nel mito dei vampiri nei secoli successivi.

Continuando il nostro viaggio nell'oscura storia delle origini dei vampiri, è importante riconoscere come le culture antiche abbiano dato forma a credenze e paure che hanno lasciato un'impronta indelebile nella nostra comprensione del soprannaturale e dell'oscurità. Anche se le mummie egizie non erano vampiri come li conosciamo oggi, sono un esempio di come l'umanità abbia cercato di affrontare le minacce del mondo invisibile attraverso le storie e le credenze tramandate da generazione a generazione.

I Sangue-fantasma

Nel cuore dell'Europa orientale, in luoghi come la Romania e i Balcani, l'oscurità della notte ha sempre portato con sé una serie di credenze e paure. In queste regioni, si svilupparono le leggende dei "sangue-fantasma," creature che tornavano tra i vivi per soddisfare la loro sete di sangue, facendo eco in modo sinistro al mito dei vampiri moderni.

I sangue-fantasma, precursori dei vampiri come li conosciamo oggi, erano esseri terrificanti che incutevano terrore tra la popolazione locale. Si credeva che queste creature fossero ritornate dall'aldilà, non completamente morte e non completamente vive, ma intrappolate in un limbo oscuro tra i due mondi.

La loro fame di sangue era insaziabile, e si diceva che preferissero nutrirsi del sangue dei loro stessi parenti. Questo dettaglio aggiungeva un livello di orrore e perversione alla loro natura, poiché le persone temevano che i propri cari potessero tornare sotto forma di queste creature, pronti a succhiare via la loro vita.

Le leggende dei sangue-fantasma si diffusero come un fuoco nelle regioni dell'Europa orientale, alimentando le paure notturne delle comunità. Le credenze intorno a queste creature si fondevano con le pratiche e i rituali per proteggersi da esse, come l'uso di aglio e croci per tenere lontane queste minacce oscure.

Sebbene i sangue-fantasma possano sembrare una variazione regionale del mito dei vampiri, è importante riconoscere che queste credenze erano profondamente radicate nella psiche delle comunità dell'Europa orientale. I sangue-fantasma rappresentavano il terrore dell'ignoto, l'idea di essere perseguitati dagli spiriti dei defunti e la paura che anche i propri cari potessero tornare sotto forma di mostri.

Questi miti, sebbene diversi dai vampiri come li conosciamo oggi, dimostrano quanto l'oscurità e la morte abbiano influenzato la storia e la cultura delle regioni dell'Europa orientale. In questo capitolo, abbiamo esplorato l'evoluzione del mito dei vampiri attraverso le lenti delle diverse culture e credenze, riconoscendo che le paure e le inquietudini legate all'oscurità sono universali e ataviche. Continuando il nostro viaggio, scopriremo come questi miti si sono fusi nel mito dei vampiri moderni.

L'Antica Cina e il Kuang Shi

Nell'antica Cina, tra le antiche leggende e le credenze del mondo orientale, affiora il mito del Kuang Shi, un'affascinante incarnazione di creature simili ai vampiri. Questi non morti emergono dal passato come testimonianza di paure ancestrali e oscure pratiche.

Il Kuang Shi, in un modo simile ai vampiri, era considerato un essere non morto, riportato in vita attraverso pratiche oscure e misteriose. La sua natura non morta lo portava a nutrirsi del sangue dei vivi, alimentando la paura e la superstizione tra le comunità dell'antica Cina.

La credenza nella possibilità di riportare in vita i morti era radicata in alcune pratiche ritualistiche e magiche dell'antica Cina. Si credeva che queste creature fossero risvegliate tramite incantesimi o riti magici, ma una volta tornate in vita, si trasformavano in predatori assetati di sangue umano.

Il Kuang Shi rappresenta una manifestazione unica e affascinante del mito delle creature succhiasangue nell'antica Cina. Sebbene diverso nelle modalità e nelle credenze rispetto ai vampiri europei, il concetto di un essere non morto che si nutre del sangue dei vivi risuona con il tema universale delle creature delle tenebre.

Come molti miti antichi, il Kuang Shi rifletteva le paure e le ansie delle comunità dell'antica Cina, che si sforzavano di comprendere le forze oscure che potessero minacciare la loro vita. Questo mito era anche collegato a pratiche ritualistiche e magiche, che talvolta potevano sfociare in situazioni pericolose e incontrollabili.

Nel nostro viaggio attraverso le origini mitiche dei vampiri, il mito del Kuang Shi ci ricorda che la paura delle creature non morte è un tema ricorrente in molte culture e civiltà. Mentre esploriamo queste storie, continuiamo a scoprire come le credenze e le paure dell'umanità abbiano dato forma ai miti che ci circondano, spingendoci sempre più nell'oscurità delle leggende dei vampiri.

Il Concetto di Non Morti

In tutto il nostro viaggio attraverso le origini mitiche dei vampiri, un tema comune si è fatto strada attraverso le culture e le leggende: il concetto di "non morti." Questi esseri, spesso tornati dalla morte o rimasti in uno stato di esistenza ambigua tra la vita e la morte, sono la spina dorsale del mito dei vampiri.

Questi non morti, indipendentemente dal nome che assumono in diverse culture, condividono alcune caratteristiche fondamentali. La loro esistenza è sospesa in uno stato liminale, una condizione che li rende differenti sia dai vivi che dai morti. Questo stato ambiguo è una delle ragioni per cui questi esseri sono così affascinanti e spaventosi. Si trovano nel limbo tra la luce e l'oscurità, tra la vita e la morte, e questa ambiguità li rende ancora più inquietanti.

Uno dei tratti distintivi di questi non morti è la loro dipendenza dal sangue o dall'energia vitale degli esseri umani. Questa sete insaziabile è una delle caratteristiche più riconoscibili dei vampiri moderni, ma è presente anche nelle forme più antiche del mito. La loro necessità di nutrirsi del mondo dei vivi è una fonte costante di terrore e inquietudine, poiché mette in discussione i confini tra la vita e la morte.

Questi non morti incarnano la paura dell'aldilà, la persistenza dei defunti nel mondo dei vivi e la possibilità che la morte non sia la fine definitiva. Questi concetti, radicati profondamente nell'umanità, sono stati plasmati nel mito dei vampiri attraverso le diverse culture e le leggende dei secoli passati.

Mentre continuiamo a esplorare le origini dei vampiri, è importante riconoscere che il mito dei non morti è un tema universale che attraversa le culture e le civiltà. Questi esseri, sebbene vari in forma e aspetto, continuano a rappresentare una delle paure più profonde dell'umanità: la paura dell'oscurità, della morte e delle forze soprannaturali che si celano nell'ombra.

Le Leggende e le Paure Antiche

Le antiche leggende e credenze sui vampiri riflettono le paure più profonde delle società del passato nei confronti delle forze oscure e dell'ignoto. Questi miti hanno agito come specchio delle ansie e delle inquietudini delle comunità, creando un simbolismo che trascende le culture e le epoche. I vampiri, in quanto incarnazione di queste paure, sono diventati potenti simboli del male e della minaccia incombente.

In un mondo dominato da forze naturali incontrollabili e minacce esterne, i vampiri offrivano una spiegazione al terrore notturno. La notte era un momento in cui l'oscurità prevaleva, e il popolo doveva affrontare l'ignoto. Questo contesto ha alimentato la creazione di creature succhiasangue che vagavano nell'oscurità, rappresentando il pericolo e la minaccia che la notte poteva nascondere.

Le credenze nei vampiri, con le loro caratteristiche uniche e spaventose, sono servite da monito per le comunità del passato. Questi miti hanno messo in guardia contro il pericolo dell'ignoto, la malvagità latente e la presenza di forze soprannaturali pronte a sfruttare la vulnerabilità delle persone durante la notte.

Queste leggende hanno contribuito a forgiare l'immaginario collettivo delle società antiche, creando un terreno fertile per l'elaborazione delle loro paure più profonde. Sono diventate storie di avvertimento, esortando le persone a proteggersi dalle minacce invisibili che potevano emergere nell'oscurità.

Mentre esploriamo le origini mitiche dei vampiri, continuiamo a scoprire come queste creature siano intrise di significato simbolico. Sono le incarnazioni delle paure umane, un riflesso dell'eterna lotta dell'umanità contro le tenebre e l'ignoto. In questo capitolo, abbiamo gettato uno sguardo approfondito su come i vampiri siano divenuti simboli del male e delle minacce che ci circondano, unendo le paure di società e culture diverse sotto un'unica ombra spaventosa.

L'Evolvere del Mito

Il mito dei vampiri è un organismo vivente, in costante evoluzione, che si è adattato alle mutevoli concezioni e paure delle diverse culture nel corso dei secoli. Queste creature oscure e misteriose non sono rimaste immutate nel corso del tempo, ma hanno invece subito continue trasformazioni, diventando sempre più complesse e affascinanti.

Una delle ragioni per cui il mito dei vampiri è sopravvissuto e prosperato è la sua abilità di adattarsi alle sensibilità culturali del momento. Ogni epoca ha visto nuove interpretazioni e rielaborazioni del mito, riflettendo le preoccupazioni e le paure del momento. Ciò ha reso i vampiri una figura sempre presente nell'immaginario collettivo, in grado di incarnare le sfide e le tensioni di ogni epoca.

In epoche passate, i vampiri erano spesso rappresentati come creature mostruose e spaventose, simboli del male e della corruzione. Tuttavia, nel corso dei secoli, sono emerse anche rappresentazioni più complesse e ambigue dei vampiri. Questi esseri hanno acquisito tratti di romanticismo, sensualità e persino empatia, rendendoli figure più sfumate e affascinanti.

Uno dei punti di svolta nella trasformazione del mito è stata l'opera letteraria di Bram Stoker, "Dracula," pubblicata nel 1897. Questo romanzo ha introdotto il personaggio di Dracula, un vampiro aristocratico e carismatico, che ha segnato un cambiamento significativo nella rappresentazione dei vampiri. Da allora, i vampiri sono spesso stati raffigurati come figure affascinanti, seducenti e dotate di una profonda ambiguità morale.

Nel corso del XX e del XXI secolo, il mito dei vampiri è continuato a evolversi attraverso la letteratura, il cinema e la televisione. Si sono manifestati vampiri buoni e cattivi, eroi e anti-eroi, e la loro complessità ha reso le storie più intriganti e coinvolgenti per il pubblico moderno.

Il mito dei vampiri è un'entità dinamica e mutevole che ha attraversato i secoli, adattandosi alle paure e alle fantasie delle culture in cui si è manifestato. Questa capacità di cambiamento e adattamento è ciò che ha permesso ai vampiri di mantenere la loro presenza nell'immaginario collettivo e di continuare a incantare e spaventare le generazioni di lettori e spettatori. Mentre esploriamo il mito dei vampiri in questo libro, ricordiamo che queste creature sono molto più di semplici succhiasangue; sono specchi delle nostre stesse paure, desideri e curiosità sull'ignoto.

Il Presagio di Ombre Oscure

Le radici mitiche dei vampiri che abbiamo esaminato in questo capitolo ci conducono a un mondo intriso di oscurità e mistero. Queste antiche storie non sono semplici racconti di terrore, ma riflettono le profonde paure ancestrali dell'umanità nei confronti dell'ignoto, dell'oscurità e del soprannaturale.

Il concetto di creature non morte e succhiasangue ha affascinato e spaventato le culture di tutto il mondo per secoli. Queste creature rappresentano una minaccia alla nostra stessa esistenza, poiché si nutrono della forza vitale che è così essenziale per la nostra sopravvivenza. Le leggende dei vampiri ci ricordano che nell'oscurità si nascondono forze che sfuggono alla nostra comprensione, pronte a trarre vantaggio dalla nostra vulnerabilità.

Mentre esploriamo le origini mitiche dei vampiri, è fondamentale tenere presente che queste creature vanno temute e affrontate con la massima cautela. Non sono semplici figure di fantasia, ma incarnazioni delle nostre paure più profonde e delle minacce che possiamo incontrare nella vita. Il mito dei vampiri ci insegna che, anche se possiamo non vederli nella realtà, le ombre oscure sono sempre presenti, pronte a avvolgerci se ci avventuriamo troppo nell'ignoto.

In questo libro, ci addentreremo ancora di più nel mondo dei vampiri, esplorando la loro storia, i loro poteri, le loro debolezze e le leggende che li circondano. Ma ricordiamoci sempre che queste creature sono da affrontare con prudenza e rispetto, perché dietro la loro seduzione e il loro fascino si cela una minaccia che va ben oltre la fantasia.

Capitolo 3

La Scienza dietro la Creazione dei Vampiri

Nel nostro viaggio alla scoperta dei misteri dei vampiri, è essenziale innanzitutto gettare uno sguardo critico su ciò che il mito vampirico implica e confrontarlo con la realtà scientifica che conosciamo. Questo contrasto tra il mondo del folklore e la razionalità della scienza rivela una serie di incongruenze e impossibilità che mettono in dubbio la credibilità stessa dell'esistenza dei vampiri.

Dalla narrazione mitica dei vampiri emergono creature che sfidano le leggi della natura e della biologia umana. Sono descritti come non morti, condannati a un'eternità di esistenza maledetta, mentre la scienza ci insegna che la morte è inevitabile e che il ciclo vitale degli esseri viventi ha un termine naturale. La loro sete insaziabile di sangue umano, se presa alla lettera, violerebbe le leggi fisiologiche del corpo umano, smentendo le leggi della digestione e della sopravvivenza.

L'immortalità attribuita ai vampiri è un altro punto di contesa tra la leggenda e la scienza. Mentre la letteratura vampiresca suggerisce che essi siano immuni all'invecchiamento e alle malattie, la scienza ci insegna che il tempo, inevitabilmente, lascia il suo segno su ogni forma di vita. Le teorie scientifiche come la rigenerazione cellulare e l'eterna giovinezza sono lontane dal poter spiegare una realtà in cui l'immortalità sia possibile.

I poteri sovrannaturali dei vampiri, come la forza sovrumana, la velocità e l'ipnotismo, sfidano le leggi della fisica e della biologia. La scienza non ha ancora trovato una base razionale per giustificare tali abilità, eppure queste sono caratteristiche fondamentali delle leggende sui vampiri.

Le vulnerabilità dei vampiri, come la paura dell'argento e dell'aglio, appaiono ancor più enigmatiche dal punto di vista scientifico. Come possono elementi comuni come questi influenzare creature così potenti e sovrannaturali? La scienza si scontra con le leggende in questo caso, poiché non vi sono spiegazioni razionali per queste debolezze.

Il concetto di essere invitati in una casa, un dettaglio tipico delle leggende sui vampiri, sembra essere basato su credenze irrazionali e paure ancestrali, piuttosto che su principi scientifici. La mente umana è complessa, ma le teorie psicologiche non possono spiegare completamente questo aspetto del mito dei vampiri.

Mentre ci immergiamo nell'indagine scientifica delle leggende vampiriche, dobbiamo essere consapevoli del divario profondo tra il folklore e la realtà scientifica. Le incongruenze e le impossibilità emerse finora ci invitano a esaminare il mito dei vampiri con uno sguardo critico, mettendo in discussione la loro stessa esistenza e aprendo la porta a ulteriori indagini sulle origini e le interpretazioni di queste creature dell'oscurità.

Esplorando il mistero della sete insaziabile dei vampiri, ci addentriamo in un territorio oscuro in cui il mito e la scienza si scontrano. La sete di sangue umano che affligge queste creature è una caratteristica fondamentale delle leggende vampiresche, ma può la scienza offrire spiegazioni plausibili a tale brama insaziabile?

La biologia umana, che conosciamo attraverso la scienza, non supporta l'idea di una sete di sangue come quella attribuita ai vampiri. Il nostro corpo richiede una dieta bilanciata di nutrienti, tra cui proteine, carboidrati e grassi, ma non ci sono prove scientifiche che dimostrino che il sangue umano sia una necessità per la sopravvivenza o che possa fornire nutrimento adeguato per mantenere un essere vivente.

Le teorie scientifiche possono offrire spiegazioni alternative alla sete di sangue dei vampiri. Una possibilità è che questa brama sia una manifestazione di un disturbo psicologico o di una condizione medica rara. Alcuni disturbi dell'aggressività o della compulsione potrebbero portare un individuo a desiderare il sangue o a comportarsi in modo violento, ma queste condizioni non sono affatto paragonabili al mito dei vampiri.

Un'altra teoria potrebbe riguardare il desiderio di potere e controllo. I vampiri sono spesso rappresentati come creature che esercitano il dominio sugli altri, e la sete di sangue potrebbe essere una metafora per il desiderio di sottomettere e controllare le vittime. Questo aspetto del mito potrebbe riflettere aspetti psicologici più profondi, ma ancora una volta, non esiste alcuna prova che dimostri che il sangue umano possa conferire potere o controllo.

Infine, possiamo considerare la possibilità che la sete di sangue sia una creazione della narrativa popolare, nata per alimentare il terrore e la suspense nelle storie di vampiri. Questa brama potrebbe rappresentare l'elemento più fantastico e irrazionale delle leggende, una sorta di contrappeso al fascino seducente che spesso circonda queste creature.

In ogni caso, mentre esaminiamo queste teorie scientifiche, dobbiamo sempre ricordare che il mito dei vampiri è innanzitutto una creazione letteraria e cinematografica, un prodotto della fantasia umana che si basa su elementi di terrore, desiderio e mistero. La sete di sangue dei vampiri, sebbene affascinante, rimane un elemento del folklore che, fino a prova contraria, appartiene al mondo dell'immaginazione e non alla realtà scientifica.

L'immortalità dei vampiri è uno degli aspetti più affascinanti e terrificanti del loro mito. Mentre il concetto di esseri umani che vivono per sempre è allettante per molti, dobbiamo esaminare se la scienza può fornire spiegazioni plausibili per questa maledizione.

Nel mondo reale, il processo di invecchiamento è determinato da una serie di fattori biologici, tra cui l'accumulo di danni alle cellule, la perdita di elasticità dei tessuti e l'indebolimento del sistema immunitario. Non esiste attualmente alcuna evidenza scientifica che suggerisca l'esistenza di una condizione o di un meccanismo biologico che possa arrestare completamente l'invecchiamento o garantire l'immortalità. Anche le teorie sulla rigenerazione cellulare non supportano l'idea di un'immortalità eterna come quella dei vampiri. La biologia umana ha limiti intrinseci che rendono impossibile il mantenimento indefinito della giovinezza.

Alcune malattie rare e genetiche potrebbero, in teoria, dare l'illusione di un'immortalità, ma queste condizioni sono spesso accompagnate da gravi problemi di salute. Ad esempio, il progeria, una malattia genetica rara, provoca un invecchiamento accelerato e una vita estremamente breve. Nonostante possa sembrare un'immortalità giovanile, questa condizione è associata a una serie di complicazioni mediche gravi che ne limitano drasticamente la qualità della vita.

In breve, non esistono basi scientifiche per sostenere l'idea dell'immortalità eterna come descritta nei miti dei vampiri. La biologia umana e le leggi della fisica pongono dei limiti invalicabili alla nostra esistenza. Mentre possiamo apprezzare la narrazione fantastica dei vampiri, dobbiamo ricordare che si tratta di pura finzione, creata per evocare emozioni e paure nelle storie, piuttosto che una realtà scientificamente plausibile.

I poteri sovrannaturali attribuiti ai vampiri, come la forza, la velocità e l'ipnotismo, costituiscono un elemento chiave del loro mito. Tali abilità sono spesso ritratte in modo affascinante e spaventoso nei racconti di vampiri, ma è importante separare la fantasia dalla realtà scientifica.

In un contesto scientifico, non esiste alcuna evidenza che suggerisca che gli esseri umani possano sviluppare abilità sovrannaturali come quelle dei vampiri. La forza e la velocità sovrumane sono concetti che contraddicono le leggi della fisica e della biomeccanica umana. Gli esseri umani sono limitati dalla struttura del loro corpo e dalla quantità di energia fisica che possono generare. Non è possibile, ad esempio, che un essere umano possa saltare da un edificio all'altro o sollevare oggetti estremamente pesanti senza l'ausilio di attrezzi meccanici.

L'ipnotismo, o il controllo mentale, è un'altra abilità spesso associata ai vampiri. Tuttavia, le teorie scientifiche sull'ipnotismo indicano che è un processo complesso e non sempre efficace. Non esiste una forma di controllo mentale istantaneo o assoluto che possa essere esercitato da una persona su un'altra senza il loro consenso.

Inoltre, è importante notare che molte delle storie sui poteri dei vampiri sono state create per il puro scopo del racconto e dell'intrattenimento. Mentre possono suscitare fascino e terrore, non dovremmo prendere alla lettera queste abilità sovrannaturali quando si tratta di realtà scientifica.

I poteri e le abilità sovrannaturali attribuiti ai vampiri sono elementi di pura fantasia e mito. Non esistono basi scientifiche per supportare l'idea che gli esseri umani possano acquisire tali abilità. È fondamentale mantenere una chiara distinzione tra il mondo del folklore e della narrativa e la realtà scientifica quando si esaminano i poteri dei vampiri.

Le debolezze tradizionali dei vampiri, come la reazione all'argento e all'aglio, sono spesso considerate elementi chiave nelle storie di vampiri. Tuttavia, da una prospettiva scientifica, queste reazioni possono essere esaminate sotto una luce diversa.

L'argento è stato spesso descritto come una delle debolezze dei vampiri, causando loro gravi danni o addirittura la morte. Tuttavia, non esiste alcuna base scientifica per sostenere che l'argento abbia tali effetti su qualsiasi forma di vita. L'argento è un elemento chimico inerte che non reagisce in modo dannoso con i tessuti biologici. Le storie di vampiri che bruciano o vengono respinti dall'argento sono chiaramente basate sulla mitologia e sul folklore, piuttosto che sulla scienza.

Anche l'aglio è spesso rappresentato come una protezione contro i vampiri. Si dice che l'odore dell'aglio li respinga. Tuttavia, da un punto di vista scientifico, non esistono prove che dimostrino che gli esseri umani o qualsiasi altra creatura possano essere respinti dall'odore dell'aglio in modo tale da causare loro danni fisici o disgustarli.

Un'altra spiegazione possibile per queste reazioni potrebbe essere basata sulla psicologia. Se una persona crede fermamente nella vulnerabilità dei vampiri all'argento o all'aglio, potrebbe sperimentare una reazione psicosomatica quando viene esposta a questi elementi. Questo potrebbe manifestarsi attraverso sintomi fisici o una sensazione di paura.

Le debolezze tradizionali dei vampiri sono principalmente elementi della mitologia e del folklore. Non esistono spiegazioni scientifiche credibili per tali reazioni. È importante ricordare che i vampiri sono creature immaginarie e che il loro mondo è dominato dalla fantasia e dalla narrativa, piuttosto che dalla scienza.

L'idea che i vampiri non possano entrare in una casa senza un invito è un altro elemento comune nei racconti e nelle leggende sui vampiri. Questo concetto, se esaminato da una prospettiva scientifica, può essere interpretato in modo diverso.

Una spiegazione potrebbe essere basata su aspetti psicologici e comportamentali. Immaginiamo un vampiro come un predatore notturno, costretto a cercare prede nelle ore buie. Questo comportamento potrebbe portare a una situazione in cui il vampiro cerca di entrare in case non invitate solo di notte, quando gli esseri umani sono a riposo e le difese sono abbassate. Gli esseri umani, sottolineando l'importanza dell'invito, potrebbero semplicemente rafforzare la pratica di chiudere le porte e le finestre di notte, mantenendo la sicurezza della propria casa.

Inoltre, il concetto dell'invito potrebbe essere una rappresentazione simbolica della fiducia e dell'ospitalità. Una persona che invita qualcuno in casa sua lo fa di sua spontanea volontà, spesso con l'aspettativa di un comportamento rispettoso da parte degli ospiti. Nel mito dei vampiri, questo potrebbe riflettere la necessità di un consenso per permettere al vampiro di entrare nella vita di qualcuno, sottolineando la violazione dell'intimità e della fiducia.

Il concetto dell'invito nella casa dei vampiri potrebbe essere più una questione di comportamento e fiducia umana che una reale incapacità fisica dei vampiri. È importante ricordare che, nonostante queste analisi, i vampiri rimangono creature leggendarie e mitiche, e la loro esistenza è basata sulla fantasia e sul folklore, piuttosto che sulla scienza.

La trasformazione in vampiri, se considerata da un punto di vista scientifico, potrebbe essere analizzata in vari modi. Una possibile spiegazione potrebbe coinvolgere concetti legati alla trasmissione di malattie e all'alterazione genetica, sebbene sia importante sottolineare che si tratta ancora di teorie speculative.

Trasmissione di malattie: In passato, alcune malattie potrebbero aver contribuito alla diffusione delle leggende sui vampiri. Ad esempio, la tubercolosi, una malattia infettiva che causa il deperimento fisico delle vittime, potrebbe essere stata interpretata come una forma di "vampirismo" a causa dei sintomi debilitanti e della perdita di peso. La trasmissione di malattie infettive attraverso il contatto con il sangue potrebbe aver alimentato la credenza nel vampirismo.

Alterazione genetica: Un'interpretazione alternativa potrebbe essere legata all'alterazione genetica. Se immaginiamo una popolazione con una mutazione genetica che conferisce loro una maggiore longevità, potrebbero emergere leggende sulla loro immortalità. Inoltre, se questa mutazione genetica causasse una maggiore sensibilità alla luce solare o alla necessità di nutrirsi di sangue, potrebbe dare luogo a racconti di vampiri.

Tuttavia, è importante sottolineare che queste spiegazioni rimangono speculative e fantasiose. Il mito dei vampiri è principalmente una costruzione letteraria e folcloristica, e non esiste alcuna prova scientifica dell'esistenza di creature vampiriche nella realtà. Le teorie scientifiche offrono solo interpretazioni creative dei miti esistenti, senza basi scientifiche concrete per sostenere l'esistenza dei vampiri come descritti nelle leggende.

La trasformazione di un essere umano in un vampiro è un tema centrale nelle leggende e nella letteratura sui vampiri. Tuttavia, va sottolineato che queste storie sono puramente speculative e non hanno alcun fondamento scientifico. Di seguito, esploreremo alcune delle maniere comuni in cui, secondo le leggende, gli umani vengono convertiti in vampiri:

Il morso: Questo è il metodo più iconico e diffuso nelle leggende dei vampiri. Secondo la tradizione, un vampiro morde una vittima umana, iniettando il proprio veleno o bevendo il suo sangue. Questa morsicatura può essere fatale o può causare la trasformazione della vittima in un vampiro dopo la morte. Il morso di un vampiro è spesso descritto come estremamente doloroso e lascia un segno, come due piccoli fori nella pelle, noti come i "canini del vampiro".

Il rituale: Alcune leggende suggeriscono che la trasformazione in vampiro possa avvenire attraverso un rituale magico o oscuro. Questi rituali possono coinvolgere il consumo di sangue umano, invocazioni demoniache o altri atti occulti. La vittima umana può scegliere di sottoporsi volontariamente a questo processo o può essere vittima di un incantesimo o di un'azione coercitiva da parte di un vampiro.

Il contatto con il sangue di un vampiro: In alcune storie, il semplice contatto con il sangue di un vampiro può essere sufficiente a causare la trasformazione. Questo può avvenire attraverso il consumo accidentale di cibo o bevande contaminati dal sangue di un vampiro o attraverso ferite aperte che entrano in contatto con il sangue vampirico.

Il dono dell'immortalità: In alcune leggende, i vampiri possono "donare" l'immortalità a un essere umano volontario, consentendo loro di diventare vampiri. Questa trasformazione può essere vista come una sorta di "vita eterna" o come una maledizione, a seconda del punto di vista.

Il processo di morte e risveglio: In alcune storie, un essere umano può diventare un vampiro attraverso il processo di morte e risveglio. Dopo essere stato ucciso o essersi suicidato, il corpo della vittima può risorgere come un vampiro. Questo tipo di trasformazione è spesso associato a un profondo senso di perdita dell'umanità e alla condanna a un'eternità di oscurità.

È importante sottolineare che queste sono solo interpretazioni letterarie e folcloristiche dei vampiri e non hanno alcun fondamento scientifico. La realtà scientifica non supporta l'esistenza dei vampiri come creature immortali o succhiasangue.

L'idea dei cacciatori di vampiri è un elemento ricorrente nelle leggende e nella cultura popolare associate ai vampiri. Questi individui coraggiosi e determinati sono spesso rappresentati come eroi, impegnati nella missione di proteggere l'umanità dalla minaccia dei vampiri. Esploriamo se esistono spiegazioni scientifiche per la figura dei cacciatori di vampiri:

Controllo sociale: Una spiegazione potrebbe derivare dalla necessità delle società di stabilire norme e valori comuni. Le storie dei cacciatori di vampiri potrebbero riflettere la necessità di identificare e combattere il male, promuovendo la coesione sociale e la sicurezza della comunità.

Ruolo dei miti: I miti e le leggende svolgono spesso una funzione importante nella società, aiutando le persone a comprendere e affrontare le paure e le minacce. I cacciatori di vampiri potrebbero incarnare il desiderio umano di affrontare e sconfiggere ciò che rappresenta un pericolo.

Riflessione delle ansie collettive: Le storie dei cacciatori di vampiri potrebbero riflettere le ansie collettive di una società in un determinato periodo storico. Ad esempio, durante epidemie di malattie come la peste, le leggende dei vampiri potevano emergere come una forma di espressione delle paure legate alla morte e alla malattia.

Simbolo di ribellione: In alcuni casi, i cacciatori di vampiri potrebbero essere interpretati come simboli di ribellione contro le autorità o contro il potere costituito. Questi individui sfidano le regole sociali e le convenzioni per affrontare il male sovrannaturale, rappresentando una forma di eroismo non convenzionale.

Riflessione dell'oscurità interiore: Alcune teorie psicologiche suggeriscono che le storie dei vampiri e dei loro cacciatori potrebbero rappresentare una proiezione delle paure e delle oscurità interiori dell'essere umano. I vampiri potrebbero incarnare i desideri repressi o le tentazioni, mentre i cacciatori simboleggiano il desiderio di ristabilire il controllo e l'ordine.

I cacciatori di vampiri sono figure complesse e multiformi nelle leggende e nella cultura popolare. Sebbene non ci siano spiegazioni scientifiche dirette per la loro esistenza, possono essere compresi come espressioni delle dinamiche sociali, culturali e psicologiche delle società che le generano. Indipendentemente dalla spiegazione, queste storie ci ricordano che i vampiri sono considerati minacce da temere e affrontare.

Il concetto di assenza di anima nei vampiri è un elemento fondamentale delle loro leggende e miti. Tuttavia, quando si tratta di interpretare questo concetto in termini scientifici, dobbiamo considerare che la nozione di "anima" è principalmente una questione di credenze religiose e filosofiche, e non può essere facilmente indagata dalla scienza.

Dal punto di vista scientifico, il concetto di "anima" non ha una definizione chiara o un corrispondente empirico. La psicologia e la neuroscienza si concentrano principalmente sulla comprensione della mente e dei processi mentali attraverso il funzionamento del cervello e del sistema nervoso. Non esiste evidenza scientifica che supporti l'esistenza o l'assenza di un'anima separata dal corpo.

Tuttavia, possiamo esaminare come alcune caratteristiche dei vampiri potrebbero essere interpretate in termini scientifici:

Assenza di empatia: I vampiri sono spesso rappresentati come privi di empatia e compassione, disposti a sacrificare altre vite per soddisfare la loro sete di sangue. Dal punto di vista psicologico, questo potrebbe essere interpretato come una mancanza di empatia o come una condizione psicopatica, in cui l'individuo non riesce a comprendere o a provare empatia per gli altri.

Mancanza di morale: I vampiri sono noti per agire senza scrupoli e senza un senso di moralità umana. Questo potrebbe essere visto come una rappresentazione di individui che agiscono in base a regole o norme diverse da quelle della società umana, ma non necessariamente come un'assenza di anima.

Sete di sangue: La sete di sangue dei vampiri potrebbe essere interpretata come un desiderio compulsivo o come un disturbo comportamentale, piuttosto che come una conseguenza diretta dell'assenza di un'anima.

In generale, è importante sottolineare che la nozione di "anima" è una questione di fede e filosofia personale e non è soggetta a verifica scientifica. Le rappresentazioni dei vampiri come creature prive di anima sono un elemento delle leggende e della letteratura popolare, utilizzato per enfatizzare la loro natura oscura e minacciosa. Tuttavia, nella scienza, l'anima è una questione ancora aperta e dibattuta, e non esistono prove concrete per dimostrarne l'esistenza o l'assenza.

Comprendere la scienza dietro il mito dei vampiri è un passo fondamentale per demistificare queste creature e svelare le paure che nascondono. Questo approccio scientifico ci permette di esaminare le leggende dei vampiri da una prospettiva razionale, cercando di trovare spiegazioni plausibili per i loro tratti e comportamenti. Tuttavia, è importante sottolineare che la scienza non cerca di negare l'aspetto fantastico e suggestivo delle storie di vampiri, ma piuttosto di esplorare le possibili radici e interpretazioni dietro di esse.

Analizzando il mito dei vampiri dalla prospettiva scientifica, possiamo mettere in luce le incongruenze e le impossibilità che emergono dalle leggende. Ad esempio, il concetto di immortality eterna dei vampiri può essere esaminato alla luce di teorie scientifiche sulla mortalità umana, come l'invecchiamento e le malattie.

Inoltre, considerando aspetti come la sete di sangue, i poteri sovrannaturali e le debolezze come l'argento e l'aglio, possiamo cercare di trovare spiegazioni scientifiche per questi tratti caratteristici delle storie di vampiri. Questo ci aiuta a capire meglio come la fantasia umana possa influenzare la creazione di miti e leggende.

Demistificare i vampiri attraverso la scienza ci consente anche di apprezzare il potere delle storie come mezzi per esplorare le paure e le preoccupazioni umane. Le leggende dei vampiri, come molte altre storie dell'orrore, riflettono le ansie profonde delle società e forniscono una via per esplorare temi come la mortalità, la perdita di controllo, la trasformazione e la minaccia all'integrità umana.

In definitiva, l'obiettivo della scienza dietro il mito dei vampiri è quello di gettare luce sulle origini e le interpretazioni di queste creature, senza sminuirne l'appeal o l'intrigo. Questo approccio ci invita a esaminare le leggende con uno sguardo critico e a cogliere l'opportunità di esplorare le paure umane attraverso la lente delle storie di vampiri, senza dimenticare che, nonostante siano creature di finzione, sono rappresentate come pericoli e vanno affrontate con cautela nella narrativa e nella cultura popolare.

Capitolo 4

La Storia dei Vampiri nel Tempo

Per comprendere appieno la storia dei vampiri, è essenziale risalire alle loro radici nelle antiche civiltà e mitologie. Queste prime tracce delle leggende sui vampiri risalgono a tempi remoti, quando l'umanità cominciava a intrecciare il filo sottile tra l'oscurità e il soprannaturale.

In diverse culture ancestrali, possiamo trovare indizi di creature simili ai vampiri. In Babilonia, l'Ekimmu era una creatura non morta che vaga sulla Terra in cerca di vendetta contro coloro che l'avevano offesa in vita. Si nutriva dell'energia vitale degli esseri umani, richiamando il concetto di creature succhiasangue ancor prima che la parola "vampiro" entrasse in uso comune.

Nella mitologia ebraica, Lilith emerge come una figura misteriosa associata ai vampiri. Descritta come una donna della notte ribelle e seducente, Lilith si nutriva del sangue dei bambini, gettando le basi per l'incarnazione antica del mito dei vampiri.

Nell'antico Egitto, anche se le mummie non erano esattamente vampiri, erano considerate non morte in grado di ritornare in vita e causare danni agli esseri umani. Questo concetto di esseri in uno stato di esistenza ambigua tra la vita e la morte ha contribuito a gettare le basi per le leggende dei vampiri.

Questi antichi miti e credenze riflettono le paure profonde delle società del passato nei confronti delle forze oscure e dell'ignoto. I vampiri incarnavano queste paure, diventando simboli del male e della minaccia incombente. Nel prossimo punto, esploreremo come queste credenze abbiano evoluto nel corso dei secoli, adattandosi alle nuove concezioni e paure delle diverse culture.

Il Medioevo e la Peste Vampiricaç

Durante il Medioevo, le leggende sui vampiri subirono una significativa evoluzione, e questa trasformazione fu spesso collegata alla terribile piaga della peste che imperversava in Europa. La peste nera, come veniva chiamata, provocava una devastazione su vasta scala, decimando intere comunità e generando una crescente paura dell'ignoto.

In questo contesto di morte e sofferenza, alcune delle credenze sulle creature succhiasangue presero piede. Si credeva che coloro che erano caduti vittime della peste potessero tornare dalla morte sotto forma di vampiri. Questa idea era in parte alimentata dall'aspetto macabro dei cadaveri peste infetti, che a volte sembravano conservare un aspetto sorprendentemente fresco nonostante la malattia.

Gli individui infetti da questa terribile malattia mostravano spesso sintomi orribili, tra cui febbre alta, brividi, debolezza estrema, e la comparsa di bubboni neri. La pelle dei malati diventava pallida, le loro labbra scure e screpolate, e questo aspetto spaventoso alimentò la convinzione che potessero essere risvegliati come vampiri.

Per proteggersi da questa minaccia, le persone adottarono pratiche rituali bizzarre, come piantare chiodi nei cuori dei morti sospettati di essere vampiri o seppellirli con oggetti sacri come aglio e croci. Queste misure, tuttavia, avevano ben poco a che fare con la scienza o la realtà dei vampiri, ma piuttosto riflettevano l'ansia e il terrore causati dalla peste.

Questa connessione tra la peste e i vampiri nel folklore medievale testimonia come le leggende e le credenze sui vampiri abbiano continuato a evolversi nel corso del tempo, adattandosi alle circostanze storiche e alle paure dell'epoca. Nel prossimo punto, esploreremo ulteriori sviluppi nella storia dei vampiri, evidenziando casi storici di vampiri famosi o documentati.

Vlad III e il Conte Dracula

Per comprendere appieno la storia dei vampiri, è essenziale esplorare la figura di Vlad III, noto anche come Vlad l'Impalatore, e la sua associazione con il mito di Dracula. Vlad III fu un principe della Valacchia, una regione dell'attuale Romania, che visse nel XV secolo. Il suo governo è noto per essere stato estremamente brutale, e ha contribuito a consolidare la sua reputazione di tiranno spietato.

Vlad III è spesso considerato uno dei principali ispiratori per il personaggio di Dracula, creato dall'autore irlandese Bram Stoker nel suo romanzo epico "Dracula" pubblicato nel 1897. Sebbene il personaggio di Dracula sia una creazione letteraria di Stoker, il conte Vlad l'Impalatore fornì molte delle influenze che hanno plasmato il mito dei vampiri.

Vlad III divenne famoso per le sue atroci pratiche punitive, tra cui l'impalamento, un metodo crudele di esecuzione in cui le vittime venivano infilzate su lunghe lance. Questo comportamento sanguinario contribuì alla sua reputazione di essere un individuo malvagio e spietato. La sua connessione con il vampirismo deriva in parte dal fatto che il termine "Dracula" significa "figlio del Drago" o "figlio del Diavolo" in lingua rumena, un soprannome che Vlad III si guadagnò a causa della sua brutalità.

Bram Stoker prese spunto da questi aspetti della vita di Vlad III, tra gli altri, per creare il suo personaggio di Dracula. Il romanzo di Stoker presentava Dracula come un vampiro nobile e seducente con poteri sovrannaturali, come l'ipnotismo e la capacità di trasformarsi in lupo o pipistrello. Questo personaggio sarebbe diventato l'icona definitiva del vampiro nella letteratura e nella cultura popolare.

L'associazione tra Vlad III e Dracula ha contribuito a solidificare il vampiro come un simbolo di malvagità e perversione. Anche se Vlad III non era un vampiro nella tradizione letteraria, la sua figura storica ha lanciato le basi per l'immaginario dei vampiri come creature oscure e spaventose.

Nel prossimo punto, esploreremo ulteriori casi storici di vampiri famosi o documentati, evidenziando come il mito si sia diffuso attraverso la storia.

Il Secolo delle Luminarie

Il XVIII secolo, noto anche come il "Secolo delle Luminarie," fu un periodo di illuminismo e razionalismo in Europa, durante il quale le credenze nei vampiri sembravano fuori luogo in una società che stava abbracciando la scienza e il pensiero critico. Tuttavia, paradossalmente, fu proprio in questo periodo che le credenze nei vampiri raggiunsero un culmine di attenzione e panico.

Nelle regioni dell'Europa orientale, come l'Ungheria e la Serbia, emersero fenomeni noti come le "esumazioni di presunti vampiri." Queste cerimonie macabre coinvolgevano l'apertura delle tombe dei defunti sospettati di essere vampiri e la verifica del loro stato. Spesso, i corpi venivano esumati e si scopriva che erano in uno stato di decomposizione più avanzato del previsto, con unghie e capelli che sembravano continuare a crescere. Questi segni, spiegabili con la decomposizione naturale, venivano erroneamente interpretati come prove della non-morte e della natura vampirica della persona deceduta.

Il panico legato ai vampiri portò a vere e proprie caccie alle streghe in alcune comunità, con l'obiettivo di trovare e distruggere i vampiri presunti o supposti. Questi episodi contribuirono a diffondere ulteriormente la paura e la credenza nei vampiri.

Un altro fenomeno correlato a questo periodo fu il "massacro dei non morti," in cui le persone sospettate di essere vampiri venivano uccise come misura preventiva. Queste azioni erano spesso motivate da superstizioni e paure irrazionali. Gli individui accusati venivano sottoposti a violenze e omicidi brutali, creando un clima di terrore nelle comunità locali.

La persistenza delle credenze nei vampiri nel XVIII secolo può essere vista come una reazione alla modernizzazione e alla crescente influenza della scienza. Mentre molte persone abbracciavano la razionalità e l'illuminismo, altre si aggrappavano alle antiche credenze come mezzo per spiegare l'inexplicabile e dare senso a eventi apparentemente soprannaturali.

Il XVIII secolo, sebbene segnato dall'illuminismo, vide anche l'apice delle credenze nei vampiri in alcune parti dell'Europa orientale, con fenomeni come le esumazioni di presunti vampiri e il massacro dei non morti. Questi eventi sottolineano quanto profonde e radicate fossero le credenze nei vampiri in alcune comunità, nonostante l'era di cambiamento e razionalità in cui si trovavano. Nel prossimo punto, esamineremo casi storici di vampiri famosi o documentati che hanno contribuito a plasmare la leggenda dei vampiri nel corso del tempo.

Il Romanticismo e il Vampiro Seduttore

Il Romanticismo, un movimento culturale ed artistico che ebbe il suo apice tra la fine del XVIII e l'inizio del XIX secolo, ebbe un profondo impatto sulla percezione dei vampiri e contribuì a trasformarli da creature orripilanti a figure seduttive e affascinanti.

Una delle opere chiave che ha giocato un ruolo fondamentale nella rappresentazione del vampiro come figura seduttiva è stata "Carmilla" di Sheridan Le Fanu, pubblicata nel 1872. Questa novella gotica racconta la storia di una giovane donna, Laura, che viene sedotta e affascinata da Carmilla, un'incantevole vampira. "Carmilla" è stata una delle prime opere a introdurre l'idea del vampiro come un essere attraente e sensuale, capace di sedurre le sue vittime con il suo fascino irresistibile. Questo tema della vampira seduttrice avrebbe avuto un impatto duraturo sulla rappresentazione dei vampiri nella letteratura e nella cultura popolare.

Un'altra opera significativa che ha contribuito a trasformare il vampiro in un personaggio romantico è stata "Varney il Vampiro" di James Malcolm Rymer, pubblicata tra il 1845 e il 1847. Questa lunga serie di romanzi gotici presentava Varney, un vampiro dall'aspetto umano con una complessa vita amorosa. Sebbene la figura di Varney avesse ancora tratti orripilanti, il suo ruolo centrale nella trama e le sue relazioni romantiche hanno contribuito a plasmare l'immagine del vampiro come un personaggio più complesso e intrigante.

Il Romanticismo ha anche influenzato la rappresentazione dei vampiri attraverso l'arte, la poesia e la musica. Opere d'arte come "La Dama delle Camelie" di Dante Gabriel Rossetti e "Le Vampiresse" di Edvard Munch hanno catturato l'immaginario del vampiro come figura enigmatica e affascinante. Poeti come Lord Byron hanno contribuito a diffondere il concetto del vampiro seduttore attraverso le loro opere.

Il Romanticismo ha giocato un ruolo cruciale nella trasformazione del vampiro da essere orripilante a figura seduttiva e affascinante. Opere letterarie come "Carmilla" e "Varney il Vampiro" hanno introdotto il tema della vampira seduttrice, mentre l'arte e la poesia romantica hanno contribuito a creare un'immagine più complessa e affascinante dei vampiri. Tuttavia, è importante notare che, nonostante la loro seduttività, i vampiri continuano a essere rappresentati come creature pericolose e mortali, e questa dualità ha contribuito a mantenere vivo il loro fascino nel corso dei secoli. Nel prossimo punto, esamineremo casi storici di vampiri famosi o documentati che hanno contribuito a plasmare la leggenda dei vampiri nel corso del tempo.

Il Rinascimento Vampirico

Il XIX e il XX secolo hanno visto un vero e proprio rinascimento del mito dei vampiri, grazie in gran parte all'influenza dell'opera letteraria più iconica del genere: "Dracula" di Bram Stoker. Pubblicato nel 1897, questo romanzo ha ridefinito il concetto di vampiro e ha avuto un impatto duraturo sulla cultura popolare.

"Dracula" è la storia di un vampiro molto potente, il Conte Dracula, che si trasferisce dall'Europa dell'Est all'Inghilterra vittoriana per diffondere il suo malefico influsso e cercare nuove vittime. Il romanzo è scritto come una serie di documenti, tra cui diari personali, lettere e articoli di giornale, che danno al racconto un senso di realismo e di suspense. Il Conte Dracula è descritto come un essere carismatico, affascinante e crudele, che seduce e minaccia le sue vittime con il suo potere ipnotico.

"Dracula" ha introdotto molte delle caratteristiche classiche associate ai vampiri, tra cui la vulnerabilità all'aglio, l'incapacità di riflessi nel riflesso, la sete di sangue e la paura della luce solare. Queste caratteristiche sono diventate pilastri del mito dei vampiri e sono state adottate in numerose opere successive.

L'enorme successo di "Dracula" ha spinto l'espansione del genere vampirico nella letteratura e nella cultura popolare. Sono stati scritti numerosi romanzi, racconti e fumetti basati su vampiri, e il genere ha continuato a evolversi. Le rappresentazioni dei vampiri sono diventate sempre più varie, da creature malvagie e orripilanti a esseri tormentati in cerca di redenzione.

Uno dei risultati più significativi dell'opera di Stoker è stato l'introduzione del vampiro come un essere oscuro e irresistibile, capace di esercitare un potere magnetico sulle sue vittime. Questa rappresentazione ha influenzato profondamente la cultura popolare, dando vita a numerosi film, serie TV e opere d'arte incentrate su vampiri affascinanti e pericolosi.

Il Rinascimento del mito dei vampiri nel XIX e XX secolo è stato fortemente influenzato da "Dracula" di Bram Stoker, un romanzo che ha ridefinito il concetto di vampiro e ha creato una figura iconica del male. L'opera di Stoker ha contribuito a plasmare il genere vampirico, rendendo i vampiri non solo creature orripilanti, ma anche affascinanti e seduttive. Nel prossimo punto, esamineremo casi storici di vampiri famosi o documentati che hanno contribuito a plasmare la leggenda dei vampiri nel corso del tempo.

I Vampiri nell'Era Moderna

Nel corso del XX e XXI secolo, i vampiri hanno continuato a mantenere la loro presenza prominente nella cultura popolare, trasformandosi e adattandosi alle sfumature della società moderna. Queste creature oscure e seduttive hanno continuato a esercitare un fascino irresistibile su generazioni di appassionati di vampiri e artisti.

I film hanno giocato un ruolo fondamentale nella diffusione e nell'evoluzione del mito dei vampiri nell'era moderna. Nel 1922, il film muto "Nosferatu" di F.W. Murnau portò il Conte Orlok sul grande schermo, introducendo il vampiro cinematografico in modo spettacolare. Questo film è diventato un classico del cinema horror e ha stabilito molte delle convenzioni visive associate ai vampiri, come le loro ombre spettrali e le lunghe dita artigliate.

Tuttavia, è stato il cinema degli anni '30 e '40 a portare il mito dei vampiri a nuovi livelli di popolarità con film come "Dracula" con Bela Lugosi e "Vampyr" di Carl Theodor Dreyer. Questi film hanno contribuito a consolidare l'immagine iconica del vampiro come un essere elegante e affascinante, ma allo stesso tempo pericoloso.

Nel corso delle decadi, il cinema ha continuato a sfornare una serie di film di vampiri, da "Blade" a "Underworld" e "Twilight", ciascuno con la propria interpretazione delle creature della notte. Questi film hanno spesso mescolato il genere horror con elementi di azione, romance e fantasy, allargando così il pubblico interessato ai vampiri.

La letteratura ha anche giocato un ruolo significativo nella diffusione del mito dei vampiri nell'era moderna. Romanzi come "Intervista col vampiro" di Anne Rice e "La saga dei Vampiri" hanno esplorato il lato emotivo e umano dei vampiri, portando alla creazione di personaggi vampirici complessi e struggenti.

Le serie TV, come "Buffy l'ammazzavampiri" e "True Blood", hanno contribuito a modernizzare ulteriormente il mito dei vampiri, portando i loro dilemmi e le loro battaglie personali sul piccolo schermo. Queste serie hanno affrontato tematiche più profonde, come la sessualità, l'identità e la moralità, all'interno del contesto della vita notturna dei vampiri.

Infine, i vampiri sono diventati un elemento chiave della cultura pop, apparendo in fumetti, videogiochi e altre forme di intrattenimento. Hanno anche influenzato la moda, con l'immagine di vampiri stilizzati che si riflette nelle tendenze di abbigliamento gotico e nell'abbigliamento alla moda per Halloween.

I vampiri sono rimasti un elemento essenziale della cultura popolare nell'era moderna, trasformandosi e adattandosi alle sfumature della società contemporanea. Sono diventati icone affascinanti e spaventose, continuate a esercitare il loro potere su di noi attraverso il cinema, la letteratura, la televisione e la cultura di massa. Nel prossimo punto, esamineremo alcuni casi storici di vampiri famosi o documentati che hanno contribuito a plasmare la leggenda dei vampiri nel corso del tempo.

Casi Documentati di Vampirismo

Mentre il mito dei vampiri ha radici antiche e si è evoluto nel corso dei secoli, esistono anche casi documentati di vampirismo nella storia che hanno contribuito a plasmare la percezione e la paura di queste creature oscure.

Uno dei casi storici più noti di vampirismo si verificò nel XVIII secolo nell'Europa orientale, in particolare nelle regioni dell'attuale Serbia e Romania. Questa fu un'epoca segnata dalla peste e dalla mortalità infantile, che contribuì a diffondere credenze e superstizioni legate ai non morti. In risposta a ciò, vennero condotti esumazioni di corpi per cercare segni di vampirismo. Si credeva che i vampiri fossero responsabili della diffusione della malattia e della morte prematura, quindi venivano prese misure estreme per prevenirne la trasformazione in vampiri.

Le esumazioni coinvolgevano il riesumare i corpi dei presunti vampiri e cercare segni di non decomposizione. Si credeva che i vampiri mantenessero una sorta di vita dopo la morte e che i loro corpi rimanessero intatti. Quando venivano trovate evidenze di non decomposizione, come unghie e capelli più lunghi, si credeva che fosse la prova che il defunto era un vampiro. Per prevenire ulteriori danni, il cuore veniva trafitto con un paletto o una lancia, e il corpo veniva bruciato o sepolto in posizioni peculiari.

Un altro caso storico di vampirismo noto è quello di Peter Plogojowitz, un contadino serbo che morì nel 1725. Dopo la sua morte, diversi abitanti del suo villaggio riferirono di essere stati tormentati da Peter in visioni notturne. Le sue visite notturne erano accompagnate da morsi e la gente iniziò a morire in modo sospetto. Questi eventi portarono a un'inchiesta ufficiale, durante la quale il corpo di Peter fu riesumato. Sorprendentemente, sembrava in uno stato di conservazione eccezionale e il suo aspetto era considerato "fresco". Il cuore di Peter fu trafitto con un paletto, il che portò a un'uscita di sangue e liquido dall'organo, confermando la credenza che fosse un vampiro.

Questi casi documentati, insieme ad altri, hanno contribuito a diffondere la paura del vampirismo nell'Europa orientale del XVIII secolo. Le pratiche di riesumazione e uccisione dei presunti vampiri erano viste come un mezzo per proteggere la comunità dalle minacce sovrannaturali. Anche se ora sappiamo che questi fenomeni erano legati a credenze e malattie dell'epoca, hanno lasciato un'impronta indelebile nella storia del mito dei vampiri.

È importante notare che questi casi documentati di vampirismo erano basati su credenze popolari e superstizioni dell'epoca, e non rappresentavano prove scientifiche dell'esistenza dei vampiri come li intendiamo oggi nella cultura popolare. Tuttavia, hanno contribuito a plasmare la percezione dei vampiri come creature oscure e pericolose che hanno affascinato e spaventato le generazioni successive. Nel prossimo punto, esamineremo ulteriormente l'evoluzione delle leggende e delle credenze sui vampiri nel corso dei secoli.

Il Vampiro nella Mitologia Globale

Mentre il mito dei vampiri è più conosciuto per la sua radice nell'Europa orientale e nell'Europa occidentale, è affascinante esaminare le diverse rappresentazioni di creature simili ai vampiri in varie culture del mondo. Sebbene queste creature possano differire notevolmente per aspetto e comportamento, alcune somiglianze fondamentali emergono, suggerendo una sorta di archetipo di "bevitore di sangue" presente in molte mitologie globali.

In Africa, ad esempio, alcune tribù hanno creduto in creature come l'Adze, proveniente dalle leggende dell'Ashanti e del popolo Ewe nel Ghana e nei paesi vicini. L'Adze era una creatura che si diceva si nutrisse di sangue umano e poteva assumere la forma di una zanzara per svolgere il suo compito. Questa credenza era accompagnata da rituali per identificare e contrastare l'Adze.

Nella mitologia cinese, troviamo creature come il Jiangshi, noto anche come "cadavere saltellante". Questa figura era spesso descritta come un morto vivente che si nutriva dell'energia vitale degli esseri umani, in particolare attraverso il sangue. I Jiangshi erano noti per saltellare o camminare con le braccia tese poiché avevano difficoltà a piegare le articolazioni. Questa creatura è emersa come parte delle credenze cinesi sulla morte, sull'aldilà e sulla reincarnazione.

Nella mitologia dell'India, abbiamo il Bhuta, un tipo di essere non morto o spirito che può manifestarsi come vampiro. Il Bhuta si diceva potesse possedere i vivi o nutrirsi del loro sangue o energia vitale. Questa figura è stata collegata alle credenze sull'animismo e sulle forze spirituali presenti nella natura.

Un'altra creatura simile ai vampiri è l'Aswang, parte della mitologia delle Filippine. Gli Aswang sono creature notturne che possono assumere forme umane durante il giorno, ma di notte si trasformano in creature che si nutrono di carne umana o sangue. Questi esseri sono associati al folklore filippino e alle superstizioni locali.

Questi sono solo alcuni esempi delle rappresentazioni di creature simili ai vampiri in diverse culture del mondo. Sebbene possano variare notevolmente in termini di aspetto, comportamento e credenze associate, queste creature condividono l'elemento centrale del consumo di sangue o energia vitale umana. Queste somiglianze possono farci riflettere sul fatto che la paura del "bevitore di sangue" è un elemento comune nell'immaginario umano, presente in molte culture diverse. Nel prossimo punto, esamineremo casi storici di vampiri famosi o documentati che hanno lasciato un'impronta indelebile nella cultura popolare.

Il Fascino Oscuro dei Vampiri

È innegabile che il mito dei vampiri abbia conservato la sua influenza attraverso i secoli e continui a esercitare un potente fascino sull'immaginario collettivo. Ma perché questo accade? Perché, nonostante siano rappresentati come esseri da temere e da evitare, i vampiri continuano a essere oggetto di adorazione e ammirazione in molti aspetti della cultura popolare?

Una delle ragioni principali di questo fascino risiede nella loro ambivalenza. I vampiri incanalano l'oscurità e il pericolo, ma allo stesso tempo sono spesso dipinti come creature affascinanti, con un'aura magnetica. Questa dualità li rende affascinanti e complessi, poiché sfidano la categorizzazione semplice come "buoni" o "cattivi". Questa ambiguità li rende perfetti come veicoli per esplorare temi profondi e universali, come la morte, la immortalità, il desiderio e la lotta tra il bene e il male.

Inoltre, i vampiri incarnano una sorta di ribellione contro le norme sociali e i tabù sessuali. Il loro bisogno di sangue rappresenta un desiderio insaziabile che riflette i nostri stessi istinti più oscuri. Questo aspetto trasgressivo e sensuale dei vampiri attrae un pubblico che cerca un'alternativa alle convenzioni sociali e alle restrizioni della vita quotidiana.

Il mito dei vampiri è anche una metafora potente per le paure e le ansie collettive. Rappresentano la paura della morte e la nostra lotta per sopravvivere, ma anche il timore dell'alienazione e della perdita dell'umanità in un mondo sempre più complesso. Il loro potere di controllare e manipolare le menti riflette la nostra paura delle influenze esterne e della perdita di controllo su noi stessi.

Infine, il vampiro è un personaggio che si adatta alle epoche e alle culture in cui viene raffigurato. Questa versatilità gli consente di rimanere rilevante e intrigante per diverse generazioni. Dal conte Dracula alle interpretazioni moderne nei romanzi, nei film e nelle serie televisive, i vampiri continuano a evolversi e ad adattarsi ai gusti cambianti del pubblico.

Il fascino oscuro dei vampiri deriva dalla loro ambivalenza, dalla loro ribellione alle norme sociali, dalla potente metafora che rappresentano e dalla loro capacità di adattarsi nel corso del tempo. Nonostante siano creature da temere e da evitare, rimangono figure affascinanti e magnetiche che continuano a esercitare un'influenza indelebile sulla cultura popolare.

Capitolo 5

Le Caratteristiche dei Vampiri

Nel vasto panorama delle creature soprannaturali, i vampiri emergono come esseri distinti grazie a una caratteristica che li rende tanto affascinanti quanto terrificanti: l'immortalità. Questo tratto distintivo li separa nettamente dagli esseri umani, che sono destinati a invecchiare e alla morte. Ma come si manifesta questa immortalità vampirica, e quali sono le implicazioni che essa comporta?

L'immortalità dei vampiri è spesso associata al loro bisogno insaziabile di sangue umano. Si crede che il sangue sia il veicolo attraverso cui mantengono la loro giovinezza eterna. In molte leggende, i vampiri devono nutrirsi regolarmente di sangue umano per conservare la loro immortalità. Questo li costringe a una vita di caccia incessante, poiché solo il sangue umano sembra avere la capacità di ritardare il processo di invecchiamento che affligge le creature mortali.

L'immortalità vampirica è spesso rappresentata come una benedizione ambivalente. Mentre offre l'opportunità di vivere per sempre, porta con sé anche una maledizione. I vampiri sono costretti a testimoniare la morte dei loro cari, mentre essi stessi rimangono intrappolati in un'eterna esistenza. La noia, la solitudine e il peso della loro condizione possono renderli creature tormentate e ciniche.

Inoltre, l'immortalità vampirica è spesso associata a una sorta di dannazione. Molte leggende suggeriscono che coloro che diventano vampiri sono condannati a una vita di peccato e immoralità, costretti a infrangere le leggi umane e diventare predatori spietati. Questa condizione può portare a un conflitto interno tra la loro umanità residua e il bisogno insaziabile di sangue.

Tuttavia, l'immortalità dei vampiri è anche la fonte del loro potere e della loro attrazione. Essi sono immuni alle malattie e alle ferite che potrebbero uccidere un essere umano. La prospettiva di una vita senza fine può essere irresistibile per molti, anche se comporta il sacrificio della loro umanità.

L'immortalità vampirica è un elemento chiave nel definire queste creature nell'immaginario collettivo. Essa rappresenta una doppia spada affilata, con vantaggi e svantaggi che contribuiscono a rendere i vampiri una delle figure più affascinanti e inquietanti del folklore soprannaturale. Ora che abbiamo esaminato questa caratteristica cruciale dei vampiri, esploreremo ulteriormente le loro abilità e debolezze, svelando ulteriori aspetti del loro misterioso mondo.

La sete di sangue è una delle caratteristiche più iconiche e spaventose dei vampiri. Questo desiderio insaziabile per il sangue umano è ciò che li spinge inesorabilmente a cacciare e nutrirsi, rappresentando un elemento centrale nella loro mitologia.

Da un punto di vista fisico, la sete di sangue dei vampiri è rappresentata come un bisogno vitale. Essi dipendono dal sangue umano per sopravvivere, poiché sembra essere l'unico nutrimento in grado di mantenere la loro giovinezza eterna e la loro forza sovrumana. Questa sete è spesso rappresentata come una brama inarrestabile, una fame che deve essere soddisfatta a ogni costo.

Ma la sete di sangue va oltre il mero aspetto fisico. Essa ha profonde implicazioni psicologiche per i vampiri. La necessità di nutrirsi di sangue umano li spinge a comportarsi come predatori, a cacciare le loro vittime nella notte, ad attaccare con ferocia e a bere avidamente il sangue che sgorga dalle ferite. Questo comportamento predatorio li allontana sempre di più dalla loro umanità residua, portandoli a compiere atti di violenza e a vivere nell'oscurità.

La sete di sangue è spesso rappresentata come una maledizione che i vampiri devono portare con sé per l'eternità. Essa è sia la loro rovina che la loro fonte di potere. La lotta per controllare questa brama implacabile può essere una lotta continua per molti vampiri, che cercano di resistere alla tentazione di uccidere e nutrirsi in modo eccessivo.

In molte storie e leggende sui vampiri, la sete di sangue è un tema centrale che esplora le complesse dinamiche tra il loro desiderio di sopravvivenza e il loro spirito umano morente. Questo conflitto interiore aggiunge ulteriori strati di profondità ai personaggi vampiri, rendendoli tanto affascinanti quanto spaventosi.

La sete di sangue, quindi, rappresenta non solo un elemento fisico, ma anche una dimensione psicologica fondamentale che contribuisce a definire la natura e il carattere dei vampiri. Nei prossimi punti, esploreremo ulteriormente le abilità sovrannaturali dei vampiri e le loro vulnerabilità, svelando ulteriori dettagli sulle creature della notte.

I poteri sovrannaturali dei vampiri sono uno degli aspetti che li rendono formidabili e pericolosi. Queste abilità conferiscono loro un vantaggio inimmaginabile rispetto agli esseri umani, permettendo loro di sopravvivere e prosperare nelle tenebre. Esamineremo ora alcune delle abilità più iconiche dei vampiri.

Innanzitutto, la forza sovrumana dei vampiri è un tratto distintivo. Sono noti per la loro straordinaria potenza fisica, che supera di gran lunga quella degli esseri umani. Questa forza sovrumana è spesso utilizzata per sopraffare le loro vittime o per combattere contro i cacciatori di vampiri. Grazie a questa forza, possono compiere gesti apparentemente impossibili per gli umani, come sollevare oggetti pesanti o abbattere porte con facilità.

La velocità è un'altra abilità chiave dei vampiri. Sono in grado di muoversi a una velocità sorprendente, apparendo e scomparendo in un istante. Questa rapidità li rende cacciatori mortali, capaci di afferrare le loro prede prima che queste abbiano la possibilità di reagire. La loro agilità sovrumana li rende inoltre abili nel combattimento corpo a corpo, in grado di evitare gli attacchi nemici con facilità.

L'ipnotismo è un potere psichico che molti vampiri posseggono. Utilizzando il loro sguardo penetrante, possono influenzare le menti umane, controllando le loro vittime o inducendo un sonno profondo. Questo potere è spesso utilizzato per facilitare il processo di caccia o per manipolare gli esseri umani a loro vantaggio.

La telepatia è un'altra abilità psichica che alcuni vampiri possiedono. Questo potere consente loro di leggere i pensieri delle persone, acquisendo conoscenze e informazioni preziose. La telepatia può essere utilizzata sia per scopi pratici che per il divertimento sadico, poiché permette ai vampiri di entrare nella psiche delle loro vittime.

Queste abilità sovrannaturali conferiscono ai vampiri un vantaggio tattico significativo, rendendoli avversari formidabili per chiunque si trovi sul loro cammino. La combinazione di forza, velocità, ipnotismo e telepatia li rende creature versatili e pericolose, capaci di adattarsi alle situazioni più disparate.

Esploreremo adesso le vulnerabilità dei vampiri, comprese le loro reazioni all'argento e all'aglio, rivelando come anche creature così potenti abbiano i loro punti deboli.

Le debolezze tradizionali dei vampiri sono un elemento cruciale delle leggende e dei miti che li circondano. Nonostante la loro potenza sovrannaturale, i vampiri hanno vulnerabilità ben definite che possono essere sfruttate per contrastarli.

Una delle debolezze più conosciute è la reazione all'argento. Gli oggetti di questo metallo, come pallottole o coltelli, possono infliggere danni mortali ai vampiri. Si ritiene che l'argento sia in grado di danneggiare la loro pelle e i loro organi interni, causando un dolore intenso. Questa vulnerabilità è spesso utilizzata dai cacciatori di vampiri come mezzo per difendersi e cercare di ucciderli.

L'aglio è un altro elemento che suscita repulsione nei vampiri. L'odore e il sapore dell'aglio sono intollerabili per loro, causando nausea e irritazione. L'aglio è spesso utilizzato come misura preventiva per tenere lontani i vampiri da luoghi o persone. Corone d'aglio intrecciate o spicchi di aglio appesi sono considerati amuleti protettivi contro l'intrusione dei vampiri.

La luce del sole è un'altra debolezza ben nota dei vampiri. Essi sono creature notturne e la luce solare diretta può causare danni gravi, come ustioni e persino combustione spontanea. Per questo motivo, i vampiri cercano rifugio durante il giorno, nascondendosi in cripte o in luoghi bui e chiusi.

L'acqua santa è considerata una delle armi più potenti contro i vampiri. Quest'acqua benedetta da un sacerdote è capace di infliggere gravi danni ai vampiri, bruciandoli come se fossero colpiti dal fuoco. Spesso, i cacciatori di vampiri portano con sé contenitori di acqua santa per difendersi dagli attacchi delle creature della notte.

Infine, il simbolo della croce o altri oggetti sacri come crocifissi o ostie consacrate possono respingere i vampiri o addirittura infliggere loro dolore. Mostrare un simbolo religioso può indurre i vampiri a ritirarsi o fuggire.

Nonostante le loro debolezze, i vampiri rimangono pericolosi e imprevedibili. Le leggende e le credenze sulle loro debolezze forniscono ai cacciatori di vampiri strategie per contrastarli, ma sconfiggerli rimane una sfida ardua. Nel prossimo punto, esploreremo ulteriormente le caratteristiche dei vampiri, concentrandoci sui loro aspetti fisici e mentali.

L'assenza di riflessi e l'incapacità di apparire in uno specchio sono caratteristiche intrinseche e misteriose associate ai vampiri nelle leggende e nei miti. Questi aspetti hanno un significato simbolico profondo che aggiunge un'aura di enigma e pericolo alla figura del vampiro.

La mancanza di riflessi è spesso interpretata come la mancanza di un'anima o la presenza di un'anima corrotta nei vampiri. Nella tradizione, lo specchio è visto come una finestra dell'anima e la sua incapacità di riflettere un vampiro suggerisce che queste creature siano prive di una vera essenza umana. Questo concetto si intreccia con l'idea che i vampiri siano condannati a un'esistenza senza pace, lontana dalla grazia divina.

Inoltre, l'incapacità di apparire in uno specchio crea un senso di isolamento e alienazione per i vampiri. Si tratta di una condanna alla solitudine, poiché non possono mai vedere il proprio riflesso o guardare negli occhi degli altri attraverso uno specchio. Questo isolamento li rende ancora più enigmatici e inafferrabili per gli esseri umani.

Il mito dell'assenza di riflessi e degli specchi è diventato un elemento fondamentale della cultura popolare legata ai vampiri. È spesso utilizzato nei racconti e nei film per identificare chi potrebbe essere un vampiro, poiché l'incapacità di vedere il proprio riflesso diventa una prova della loro vera natura.

Tuttavia, è importante ricordare che queste caratteristiche sono parte del folklore e del mito dei vampiri e non hanno una spiegazione scientifica. Nel prossimo punto, esploreremo ulteriormente le caratteristiche fisiche e mentali dei vampiri, svelando altri aspetti inquietanti di queste creature della notte.

La capacità di trasformarsi in animali o nebbia è un elemento affascinante e spaventoso associato alle leggende sui vampiri. Questa caratteristica aggiunge un ulteriore livello di pericolosità e mistero alle creature della notte.

Nelle leggende tradizionali, si credeva che i vampiri avessero il potere di mutare la loro forma per sfuggire ai predatori o per infiltrarsi in luoghi inaccessibili agli esseri umani. Questa capacità di trasformazione contribuiva a renderli creature sfuggenti e difficili da catturare o uccidere. La possibilità di mutare la loro forma in animali come pipistrelli, lupi o nebbia ne aumentava la letalità e la versatilità.

La trasformazione in animali consentiva loro di spostarsi rapidamente, sorprendere le vittime e raggiungere luoghi altrimenti inaccessibili. Inoltre, la mutazione in nebbia era un'abilità particolarmente spaventosa, in quanto rendeva il vampiro immateriale e immune agli attacchi fisici. Questo poteva essere usato per eludere i cacciatori di vampiri o per infiltrarsi silenziosamente nelle stanze delle vittime.

Questa caratteristica si basa sull'idea che i vampiri abbiano il controllo su forze sovrannaturali e magiche che li rendono capaci di compiere tali trasformazioni. È una delle tante abilità che sottolineano la loro superiorità rispetto agli esseri umani e la loro dominazione nella gerarchia delle creature dell'oscurità.

Nelle opere di narrativa moderna, questa abilità è stata spesso sfruttata per creare situazioni di suspense e tensione, poiché i vampiri possono apparire e scomparire improvvisamente, rendendo difficile la loro cattura. Tuttavia, è importante tenere presente che si tratta di una caratteristica puramente fantastica e non ha una base scientifica.

La vulnerabilità alla luce del sole è una delle caratteristiche più iconiche associate ai vampiri nelle leggende tradizionali. Questa debolezza li rende creature notturne, costrette a nascondersi durante il giorno per evitare di essere distrutte dai raggi solari.

L'origine di questa vulnerabilità può essere collegata a diverse interpretazioni simboliche. In alcune tradizioni, la luce del sole rappresenta la purezza e la vita, mentre i vampiri sono considerati creature dell'oscurità e della morte. Di conseguenza, l'esposizione alla luce solare è vista come un'anatema, in grado di sciogliere o incenerire i vampiri.

Nelle prime leggende europee sui vampiri, si credeva che l'esposizione alla luce del giorno potesse causare danni irreversibili ai non morti, rendendo la loro vulnerabilità ancora più evidente. Questa caratteristica è stata poi ampiamente sfruttata nella narrativa gotica e nelle opere di letteratura, come il famoso romanzo "Dracula" di Bram Stoker.

Nel corso del tempo, la vulnerabilità alla luce solare è stata reinterpretata e adattata in vari modi nella cultura popolare. In alcune storie, i vampiri sono stati rappresentati come creature che bruciano al contatto con i raggi del sole, mentre in altre, la luce solare può indebolirli senza ucciderli immediatamente. Questa flessibilità ha permesso agli autori di creare tensione drammatica nelle trame e di dare ai vampiri un senso di pericolo costante.

Va notato che questa vulnerabilità è tipica delle leggende europee sui vampiri e non è presente in tutte le tradizioni di creature simili alle vampiro in tutto il mondo. In alcune culture, i vampiri non sono affatto influenzati dalla luce del sole, il che dimostra quanto queste leggende possano variare da una cultura all'altra.

La fame eterna è una delle caratteristiche più oscure e inquietanti associate ai vampiri. Questi non morti sono costantemente tormentati da un desiderio insaziabile per il sangue umano, un bisogno che li spinge a compiere atti terribili e spesso inumani per soddisfare la loro sete.

Questa fame eterna è una parte intrinseca della natura vampirica e può essere interpretata in diversi modi. Dal punto di vista simbolico, rappresenta la loro separazione dalla vita umana e il loro costante stato di desiderio e privazione. I vampiri sono condannati a vivere per l'eternità, ma questo "dono" li costringe a nutrirsi di sangue umano per sopravvivere.

Dal punto di vista narrativo, la fame eterna è spesso utilizzata per creare tensione e conflitto nelle storie dei vampiri. La loro incessante ricerca di sangue li porta a cacciare esseri umani, a manipolare le persone e a compiere atti di violenza estrema. Questo aspetto della loro natura rende i vampiri figure di pericolo costante, poiché sono disposti a tutto pur di assicurarsi il loro nutrimento.

Nelle leggende tradizionali, la sete di sangue dei vampiri è spesso rappresentata come una brama incontrollabile, che li fa perdere il controllo di sé stessi quando sono vicino a una vittima potenziale. Questa perdita di controllo è un altro elemento che li rende così pericolosi, poiché possono trasformarsi da esseri affascinanti e seducenti in predatori spietati in un attimo.

La fame eterna dei vampiri è quindi una caratteristica che riflette il loro status di mostri senza speranza di redenzione. Questa fame li rende predatori implacabili, costantemente in cerca di nuove vittime da cui attingere il sangue vitale. È una caratteristica che sottolinea l'oscurità e la minaccia costante rappresentate da queste creature nella mitologia e nella narrativa dei vampiri.

L'incantesimo dell'invito è una credenza profondamente radicata nelle leggende dei vampiri, e rappresenta una delle loro peculiarità più enigmatiche e inquietanti. Secondo questa credenza, un vampiro non può entrare in una casa senza un invito esplicito da parte del proprietario o di un occupante legittimo. Questo concetto è stato utilizzato innumerevoli volte nella narrativa dei vampiri, aggiungendo un elemento di tensione e mistero alle storie.

Le spiegazioni dietro questa caratteristica variano a seconda delle fonti e delle interpretazioni culturali. Ecco alcune delle teorie più comuni:

Simbolismo della protezione domestica: Una spiegazione comune è che l'incantesimo dell'invito simbolizzi la sacralità e la protezione della casa. La casa rappresenta un rifugio sicuro per gli esseri umani, e il fatto che un vampiro non possa entrare senza permesso suggerisce che la casa è un luogo protetto dalla sua influenza malvagia.

Libera volontà e consenso: Alcune interpretazioni suggeriscono che l'incantesimo dell'invito rifletta il concetto di libera volontà e consenso. Il vampiro, essendo una creatura predatrice, non può forzare l'ingresso in una casa senza il consenso del proprietario o di un occupante. Questo potrebbe rappresentare una sorta di bilanciamento karmico nell'universo vampirico.

Limite alla loro influenza malevola: L'incantesimo dell'invito potrebbe servire a limitare l'influenza dei vampiri nel mondo degli esseri umani. Se un vampiro dovesse essere invitato in una casa, potrebbe esercitare un controllo più ampio e diretto sulla vita dei suoi occupanti, rendendo questa caratteristica una sorta di barriera protettiva contro il loro potere.

Convenzione narrativa: Va notato che, in molte opere di fiction, l'incantesimo dell'invito è utilizzato come dispositivo narrativo per creare tensione e dare ai personaggi umani un mezzo per difendersi dai vampiri. Questo elemento aggiunge suspense e drammaticità alle storie e consente ai protagonisti umani di essere coinvolti in una lotta contro queste creature soprannaturali.

In definitiva, l'incantesimo dell'invito è una delle caratteristiche più iconiche dei vampiri nelle leggende e nella narrativa. La sua spiegazione può variare, ma in ogni caso aggiunge un ulteriore strato di mistero e pericolo alla figura del vampiro, sottolineando la necessità di precauzione e consapevolezza quando si tratta di queste creature della notte.

La Seduzione Mortale

Il potere di seduzione mortale dei vampiri è uno degli aspetti più ambivalenti e pericolosi di queste creature della notte. Questo potere si basa sulla loro innata capacità di affascinare e attrarre gli esseri umani, spingendoli a cadere nelle loro braccia fatali. È un'arma subdola e letale che contribuisce a rendere i vampiri tanto affascinanti quanto pericolosi.

La seduzione mortale dei vampiri si manifesta in molteplici modi:

Ammaliante bellezza: I vampiri sono spesso descritti come esseri di bellezza straordinaria, con un aspetto attraente e magnetico. Questa bellezza sovrannaturale li rende irresistibili agli occhi degli esseri umani, inducendo una sorta di ipnosi visiva.

Carisma e magnetismo personale: I vampiri sono anche dotati di un innato carisma e magnetismo che va oltre l'aspetto fisico. Sono abili nell'arte della persuasione e riescono a sedurre le loro vittime con la loro presenza magnetica e il loro fascino carismatico.

Controllo mentale: In molte leggende, i vampiri hanno la capacità di esercitare un controllo mentale sugli esseri umani, manipolando i loro pensieri e le loro emozioni. Questo li rende in grado di influenzare le decisioni delle loro vittime e spingerle a fare ciò che desiderano.

L'attrazione del proibito: Il fatto che i vampiri siano creature proibite, creature della notte che si nutrono del sangue umano, aggiunge un elemento di eccitazione e tabù alla loro seduzione. Molte vittime cadono nella loro trappola perché sono attratte dall'idea di infrangere le regole sociali e morali.

La promessa di eternità: I vampiri spesso promettono alle loro vittime l'eternità, offrendo loro la possibilità di vivere per sempre. Questa prospettiva di immortalità può essere incredibilmente allettante per molti esseri umani, che sono disposti a sacrificare la propria umanità per perseguire questo desiderio.

Nonostante l'affascinante potere di seduzione dei vampiri, è importante ricordare che dietro a questa facciata affascinante si nasconde una minaccia mortale. Le vittime dei vampiri rischiano di perdere la propria vita o di essere trasformate in non morti, condannate a un'esistenza eterna come creature della notte. Pertanto, è essenziale mantenere la guardia alta e resistere al fascino seduttivo dei vampiri per sopravvivere a un incontro con queste creature letali.

Capitolo 6

La Caccia ai Vampiri

Nel vasto mondo della caccia ai vampiri, non c'è niente di più cruciale che conoscere a fondo il nemico: queste creature spaventose, una volta umane ma ora condannate a un'immortalità maledetta, sono tra le creature più insidiose e pericolose che l'umanità abbia mai affrontato.

Comprendere i vampiri non è solo un vantaggio, ma una necessità. Solo attraverso una conoscenza completa delle loro caratteristiche, debolezze e comportamenti si può sperare di sopravvivere a un incontro con uno di essi.

I vampiri, una volta trasformati dalla maledizione, acquisiscono una serie di poteri sovrannaturali che li rendono temibili avversari. La loro immortalità è forse la loro caratteristica più distintiva: sfidano la morte, invecchiando lentamente o addirittura rimanendo giovani per l'eternità. Questo significa che un vampiro ha accumulato secoli di esperienza e astuzia, il che lo rende un avversario incredibilmente astuto. Inoltre, la loro sete di sangue umano è insaziabile e li spinge a cacciare costantemente, mettendo a repentaglio la vita delle persone comuni.

I poteri sovrannaturali dei vampiri sono altrettanto pericolosi. La forza sovrumana che possiedono può facilmente superare quella di un essere umano. La loro velocità li rende inafferrabili, permettendo loro di muoversi con rapidità spaventosa. L'ipnotismo e la telepatia sono armi psichiche che usano per manipolare le loro vittime, rendendole vulnerabili e incapaci di resistere.

Le debolezze dei vampiri sono altrettanto cruciali da conoscere. L'argento e l'aglio sono noti per essere repellenti per i vampiri e possono infliggere danni gravi o persino distruggerli. La mancanza di riflessi e l'assenza di immagine speculare rappresentano una vulnerabilità significativa, spesso collegata alla loro natura non vivente.

La vulnerabilità alla luce del sole è una delle debolezze più iconiche dei vampiri. Queste creature orripilanti sono costrette a ritirarsi nell'oscurità durante il giorno, rendendo la luce solare un alleato cruciale nella caccia ai vampiri. Tuttavia, alcuni vampiri possono sopravvivere alla luce solare per un breve periodo, rendendo ancora più pericolosa la loro presenza.

Comprendere il nemico è fondamentale nella caccia ai vampiri. Solo attraverso una conoscenza completa delle loro caratteristiche, debolezze e comportamenti si può sperare di sopravvivere a un confronto con queste creature malvagie. Ricorda, i vampiri sono pericoli in agguato, e la caccia a loro richiede una preparazione intensa e un coraggio incommensurabile. La battaglia tra l'umanità e i vampiri continua, e la tua conoscenza è la tua migliore arma.

Nella lunga storia di scontri tra l'umanità e i vampiri, l'uso di simboli di protezione è diventato una pratica essenziale per chi si impegna nella caccia a queste oscure creature. Questi simboli e talismani sacri sono spesso l'ultima difesa contro l'oscurità che minaccia di avvolgere coloro che si avventurano nell'oscurità dei vampiri.

Uno dei simboli più iconici utilizzati per respingere i vampiri è la croce cristiana. Questo antico simbolo di fede rappresenta la luce divina e la protezione contro il male. I cacciatori di vampiri spesso indossano croci come collane o braccialetti, o le collocano strategicamente in luoghi in cui credono che i vampiri possano apparire. La croce cristiana è vista come una barriera impenetrabile contro le creature malvagie, e i vampiri sono noti per reagire violentemente quando entrano in contatto con questo simbolo sacro.

L'aglio è un altro potente simbolo di protezione contro i vampiri. Questa pianta aromatica è conosciuta per le sue proprietà purificanti e i suoi oli forti e pungenti. Gli uomini e le donne che si preparano per una caccia ai vampiri spesso indossano spicchi d'aglio intorno al collo o li distribuiscono strategicamente nei luoghi in cui intendono intraprendere la caccia. L'odore e la natura repellente dell'aglio possono tenere i vampiri a debita distanza. È noto che gli esseri non morti reagiscono con disgusto e talvolta con dolore fisico all'odore di aglio, rendendolo uno strumento cruciale per i cacciatori.

Oltre a questi simboli tradizionali, oggetti sacri come acqua benedetta, chiese e crociere, sono spesso utilizzati come scudi contro i vampiri. L'acqua benedetta, in particolare, è considerata altamente efficace nella purificazione e nel contrasto delle forze oscure dei vampiri. Spruzzare l'acqua benedetta su un vampiro può causare bruciore e dolore, costringendolo a ritirarsi o a rivelare la sua vera natura.

L'uso di simboli di protezione è una pratica vitale nella caccia ai vampiri. Questi simboli rappresentano la luce contro le tenebre, la fede contro il male. Sono la prima e ultima linea di difesa per coloro che affrontano le oscure minacce dei vampiri. Ma ricorda, anche se i simboli di protezione sono potenti, i vampiri sono creature antiche e astute, quindi la cautela e la preparazione sono essenziali in ogni confronto con queste creature malefiche.

La notte è il regno dei vampiri, e la caccia a queste creature oscure avviene spesso sotto il manto del buio. I cacciatori di vampiri devono essere pronti a immergersi nell'oscurità e a sfruttarla a loro vantaggio. Ecco alcune tattiche e strategie utilizzate durante le cacce notturne ai vampiri:

Osservazione discreta: I cacciatori devono muoversi con estrema discrezione nelle ore notturne, evitando di attirare l'attenzione delle creature vampiriche. Camminare in silenzio e con attenzione è essenziale per rimanere inosservati.

Uso di lampioni e torce: Per illuminare le tenebre, i cacciatori spesso utilizzano lampioni o torce. La luce può tenere i vampiri a bada, poiché la maggior parte di loro preferisce nascondersi nell'oscurità. Tuttavia, questo può anche rivelare la presenza dei cacciatori, quindi è una doppia spada a doppio taglio.

Cercare rifugi sicuri: Prima di avventurarsi nella notte, i cacciatori cercano luoghi sicuri in cui ripararsi in caso di attacco. Le chiese, i cimiteri sacri o le abitazioni benedette possono servire come rifugi temporanei.

Trappole e esche: Alcuni cacciatori utilizzano trappole e esche per attirare i vampiri. Possono piazzare sacche di sangue o oggetti sacri in luoghi strategici e attendere che un vampiro venga attratto dalla promessa di sangue o potere.

Squadre di caccia: La caccia ai vampiri è spesso un'impresa pericolosa, quindi molti cacciatori lavorano in squadre. La collaborazione è essenziale per difendersi da attacchi improvvisi e per condividere le conoscenze e le risorse.

Uso di armi specializzate: Alcuni cacciatori si armano di armi specializzate, come spade benedette o coltelli d'argento, per combattere i vampiri. Queste armi possono infliggere danni gravi o addirittura uccidere una creatura vampirica.

Preparazione e studio: Prima di una caccia notturna, i cacciatori devono studiare attentamente il loro nemico. Questo include l'apprendimento delle debolezze specifiche di un particolare vampiro, così come la comprensione delle sue abitudini e del suo comportamento.

La caccia notturna ai vampiri richiede grande abilità, coraggio e una profonda conoscenza del nemico. I cacciatori devono essere pronti a lottare nell'oscurità, affrontando l'incertezza e il terrore che le creature vampiriche portano con sé. E anche se la caccia è pericolosa, i cacciatori sono spesso motivati dalla determinazione di proteggere l'umanità dai vampiri e dalle loro oscure minacce.

Gli oggetti sacri hanno un ruolo significativo nella caccia ai vampiri, in quanto sono considerati armi potenti per respingere queste creature oscure. Ecco come vengono utilizzati nella lotta contro i vampiri:

L'acqua santa: L'acqua santa è acqua benedetta da un sacerdote o da un religioso. Si crede che sia uno strumento potente contro i vampiri, in grado di scacciarli o infliggere loro danni. Molte volte, i cacciatori portano con sé piccoli contenitori di acqua santa, come fiale o borracce, per spruzzarla sugli avversari vampiri.

L'olio benedetto: Simile all'acqua santa, l'olio benedetto è olio che è stato consacrato o benedetto da un'autorità religiosa. Viene spesso utilizzato per ungere armi come spade o proiettili, conferendo loro il potere di ferire gravemente o addirittura uccidere un vampiro. L'olio benedetto può anche essere utilizzato per creare barriere protettive o cerchi sacri intorno a una zona.

Croci e medaglie sacre: Le croci e le medaglie sacre sono ampiamente riconosciute come potenti simboli di protezione contro i vampiri. I cacciatori possono indossarle come gioielli o portarle con sé come amuleti. Il semplice atto di mostrare una croce o una medaglia sacra può respingere un vampiro o impedirgli di avvicinarsi.

Preghiere e incantesimi: Le preghiere e gli incantesimi pronunciati da individui con una fede profonda possono avere un effetto notevole contro i vampiri. Le parole sacre possono essere usate per esorcizzare o allontanare queste creature. I cacciatori spesso imparano antiche formule o preghiere specifiche per aumentare la loro efficacia.

Benedizioni rituali: Prima di intraprendere una caccia ai vampiri, alcuni cacciatori cercano la benedizione di un sacerdote o di un religioso. Questo atto può conferire loro una protezione spirituale aggiuntiva e un senso di determinazione nell'affrontare il male.

Oggetti sacri come trappole: Gli oggetti sacri possono anche essere utilizzati in trappole per i vampiri. Ad esempio, un crocifisso appeso sopra una porta o una stanza può intrappolare un vampiro all'interno, impedendogli di fuggire dalla luce del giorno.

L'uso di oggetti sacri nella caccia ai vampiri è un aspetto importante nella lotta contro queste creature demoniache. Tuttavia, è essenziale sottolineare che la fede e la convinzione nella potenza di questi oggetti sono anch'esse fondamentali. Senza una fede sincera, la loro efficacia potrebbe essere compromessa. La lotta contro i vampiri è una battaglia tra il bene e il male, in cui la fede e la determinazione dei cacciatori svolgono un ruolo cruciale.

Le trappole e gli esorcismi sono metodi cruciali utilizzati dai cacciatori di vampiri per intrappolare queste creature e liberare le loro vittime dall'influenza maligna. Ecco come queste tecniche vengono impiegate nella caccia ai vampiri:

Trappole per vampiri:

Trappole fisiche: I cacciatori possono utilizzare trappole fisiche, come reti o gabbie, per intrappolare i vampiri. Queste trappole vengono spesso camuffate o collocate in luoghi strategici dove i vampiri sono soliti passare. Una volta intrappolati, i vampiri diventano vulnerabili agli attacchi dei cacciatori.

Trappole magiche: Alcuni cacciatori usano trappole magiche, come cerchi sacri incisi o sigilli protettivi, per bloccare i vampiri. Queste trappole possono essere disegnate sul terreno o posizionate attorno a un'area specifica. Una volta intrappolati in una trappola magica, i vampiri trovano difficile uscirne o usare i loro poteri.

Esorcismi e rituali di liberazione:

Esorcismo: Gli esorcismi sono rituali sacri condotti da sacerdoti o individui dotati di conoscenze religiose. Questi rituali sono progettati per allontanare gli spiriti maligni o le influenze demoniache, tra cui i vampiri. Durante un esorcismo, si recitano preghiere e formule sacre, spesso accompagnate da gesti simbolici. L'obiettivo è liberare il vampiro dalla sua condizione demoniaca.

Purificazione con acqua santa: L'uso di acqua santa per purificare le vittime mordacchiate dai vampiri è un rituale comune. L'acqua santa viene spruzzata o versata sulla persona infettata mentre si recita una preghiera. Questo atto simbolico rappresenta la rimozione dell'influenza vampirica.

Rituali di protezione: Prima di intraprendere una caccia ai vampiri, i cacciatori possono eseguire rituali di protezione per sé stessi e per le loro squadre. Questi rituali spesso coinvolgono l'uso di oggetti sacri e l'invocazione di forze divine per proteggere dai pericoli soprannaturali.

È importante notare che la riuscita delle trappole e degli esorcismi dipende spesso dalla fede e dalla conoscenza del cacciatore. La fede nella potenza degli oggetti sacri e nei rituali è fondamentale per garantire il successo nella lotta contro i vampiri. Tuttavia, anche i cacciatori più esperti devono affrontare il fatto che i vampiri sono creature pericolose e letali, e la caccia può comportare rischi significativi.

Comprendere i vampiri è la chiave per una caccia di successo. È un mondo oscuro e pericoloso in cui si muovono, e se intendiamo affrontarli con successo, dobbiamo conoscere il nemico.

Tuttavia, non possiamo farlo da soli. La collaborazione con altri cacciatori esperti è fondamentale in questa lotta contro le creature della notte. Ecco perché è importante unirsi in alleanze, condividere conoscenze e esperienze. Ogni cacciatore porta con sé informazioni uniche, tattiche testate e strategie efficaci. Questa condivisione di conoscenze aumenta la comprensione dei vampiri e le probabilità di successo.

Ma non è solo una questione di conoscenza. La caccia ai vampiri può essere estremamente stressante e pericolosa. Gli altri cacciatori esperti forniscono un importante sostegno emotivo reciproco. Affrontare insieme situazioni traumatiche o rischiose può aiutare a mantenere un equilibrio mentale e una solida determinazione.

Inoltre, la forza sta nell'unità. In molte situazioni, un singolo cacciatore potrebbe essere sopraffatto dalla forza fisica e dai poteri sovrannaturali di un vampiro. L'unione di cacciatori esperti aumenta la forza numerica, migliorando le probabilità di sconfiggere il nemico. E lavorando in squadra, si possono sviluppare strategie coordinate per affrontare situazioni complesse.

La collaborazione offre anche una copertura territoriale più ampia, essenziale per monitorare l'attività dei vampiri in diverse regioni geografiche e rispondere prontamente a segnalazioni di attacchi o avvistamenti.

Ma non è solo una questione di quantità; è anche una questione di qualità. Collaborando con altri cacciatori, è possibile organizzare addestramenti congiunti per migliorare le abilità individuali e sviluppare nuove tattiche. La caccia ai vampiri richiede costante adattamento e apprendimento.

Infine, gli alleati mettono a disposizione risorse finanziarie, informazioni e contatti che possono essere fondamentali per condurre ricerche, procurarsi attrezzature speciali o accedere a fonti di informazioni riservate. La condivisione di risorse facilita la lotta contro il male.

Tuttavia, non bisogna mai dimenticare che anche in un'alleanza di cacciatori esperti, la caccia ai vampiri resta estremamente pericolosa. La determinazione, la preparazione e la fede nella missione rimangono aspetti chiave per affrontare con successo questa sfida mortale. E mentre ci prepariamo a entrare nel cuore delle tenebre, ricordiamoci sempre che i vampiri non sono creature da sottovalutare, ma nemici da temere e da sconfiggere.

Nella caccia ai vampiri, l'utilizzo di armi speciali è una pratica diffusa e cruciale per avere successo contro queste creature della notte. Queste armi sono state sviluppate e perfezionate nel corso dei secoli, e comprendere la loro efficacia è fondamentale per ogni cacciatore esperto.

Tra le armi più tradizionali e conosciute nella caccia ai vampiri vi sono i pali di legno e i coltelli benedetti. Questi strumenti sono spesso utilizzati per infliggere ferite mortali ai vampiri, specialmente se sono stati immobilizzati o intrappolati. I pali di legno, noti anche come stecche, sono affilati e appuntiti da entrambe le estremità e possono essere conficcati direttamente nel cuore del vampiro. La credenza è che attraversando il cuore, l'arma danneggi l'organo vitale dei vampiri, impedendo loro di rigenerarsi e causandone la morte definitiva.

I coltelli benedetti, d'altra parte, sono spesso adornati con simboli sacri o incisi con preghiere. Questi oggetti sacri vengono utilizzati per tagliare o pungere il vampiro e, in virtù delle loro benedizioni, infliggono danni maggiori rispetto a un coltello comune. Il contatto con oggetti sacri può causare bruciore o ustioni sulla pelle dei vampiri, rivelando così la loro vera natura demoniaca.

Un altro strumento comune nella caccia ai vampiri è l'uso di croci. Questi simboli sacri sono spesso tenuti o mostrati ai vampiri per tenere a bada le loro forze o costringerli a recedere. Tuttavia, è importante notare che il potere delle croci può variare a seconda della fede e della devozione di chi le impugna. Per alcuni cacciatori, la croce può essere un potente deterrente, mentre per altri potrebbe avere meno effetto.

Inoltre, l'acqua santa è una sostanza benedetta che viene spesso utilizzata per respingere i vampiri. Spruzzandola o lanciandola sui vampiri, si crede che questa acqua benedetta possa causare bruciore o ustioni sulla loro pelle. Alcuni cacciatori la portano in piccoli contenitori benedetti da utilizzare come arma improvvisata durante gli scontri con i vampiri.

Infine, i cacciatori esperti conoscono l'importanza di mantenere le proprie armi benedette o consacrate. Questo processo di benedizione o consacrazione conferisce loro un potere sacro che può aumentarne l'efficacia contro i vampiri. La preghiera e il rituale svolgono un ruolo cruciale in questo processo, rendendo le armi un potente strumento nella lotta contro le creature della notte.

Le armi speciali nella caccia ai vampiri sono un elemento essenziale per affrontare queste creature letali. Comprendere come e quando utilizzare queste armi è fondamentale per ogni cacciatore esperto, poiché possono fare la differenza tra la vita e la morte nella lotta contro i vampiri. Tuttavia, bisogna sempre ricordare che i vampiri sono nemici formidabili, e anche con le armi a disposizione, la caccia rimane una sfida pericolosa che richiede conoscenza, preparazione e determinazione.

L'esposizione alla luce solare è una delle debolezze più note e cruciali dei vampiri ed è stata sfruttata come arma efficace nella caccia a queste creature della notte. I cacciatori esperti sono consapevoli di questa vulnerabilità e cercano di sfruttarla al massimo per distruggere i vampiri. In questo punto, esamineremo le strategie e le tattiche utilizzate per esporre i vampiri alla luce solare e annientarli.

Prima di tutto, è fondamentale comprendere che i vampiri evitano la luce solare a tutti i costi. Essi sono noti per ritirarsi in luoghi bui e sicuri prima dell'alba, poiché anche una breve esposizione ai raggi solari può causare loro gravi danni. Il sole rappresenta una minaccia mortale per i vampiri, in quanto può causare combustione istantanea o addirittura la loro completa disintegrazione.

I cacciatori di vampiri spesso sfruttano questa paura intensa della luce solare nei loro confronti. Una strategia comune è quella di attirare i vampiri all'aperto durante il giorno, esponendoli direttamente ai raggi solari. Questo può essere realizzato in diversi modi, tra cui l'uso di luce solare artificiale, specchi o riflettori per creare un'illusione di luce solare. In questo modo, i vampiri possono essere ingannati e attirati all'esterno, dove verranno esposti alla luce del giorno.

Un altro approccio consiste nell'utilizzo di trappole solari. Queste trappole sono progettate per catturare i vampiri e intrappolarli in luoghi dove la luce solare li colpirà direttamente. Ad esempio, cacciatori esperti possono costruire gabbie o strutture con pareti trasparenti esposte alla luce solare e attirare i vampiri all'interno. Una volta intrappolati, i vampiri saranno esposti alla luce solare, che li brucerà e li annienterà.

È importante notare che queste tattiche richiedono una pianificazione attenta e una conoscenza approfondita dei comportamenti dei vampiri. Inoltre, i cacciatori devono essere consapevoli del fatto che i vampiri possono essere astuti e pericolosi, e devono agire con estrema cautela durante queste operazioni. Nonostante la vulnerabilità alla luce solare, i vampiri rimangono nemici formidabili e affrontarli richiede abilità, preparazione e determinazione.

L'esposizione alla luce solare è una delle armi più potenti nella caccia ai vampiri. I cacciatori esperti comprendono come sfruttare questa debolezza e utilizzano tattiche ingegnose per attirare i vampiri all'aperto durante il giorno, dove verranno distrutti dalla luce solare. Tuttavia, bisogna sempre essere consapevoli dei rischi e delle sfide che comporta la caccia ai vampiri, poiché queste creature rimangono un pericolo mortale per gli esseri umani.

L'individuazione e l'infiltrazione nei nascondigli dei vampiri sono fasi cruciali nella caccia a queste creature della notte. Per affrontare con successo i vampiri, i cacciatori devono essere in grado di localizzare i loro rifugi segreti e penetrarvi senza essere scoperti. In questo punto, esploreremo le tecniche di individuazione e infiltrazione utilizzate per affrontare i vampiri.

Ricerca di Indizi Oscurolitici: I cacciatori esperti cercano indizi e segnali che possano indicare la presenza di vampiri in un'area. Questi indizi possono includere segni di attività notturna, come misteriosi scomparsi o morti inspiegabili. Inoltre, possono essere studiate leggende locali e testimonianze per identificare possibili aree infestate dai vampiri.

Monitoraggio dei Comportamenti Vampirici: L'osservazione dei comportamenti delle vittime può rivelare la presenza di un vampiro. I cacciatori prestano attenzione a segni di morsi al collo o segni di affaticamento cronico, poiché ciò potrebbe indicare che una persona è stata visitata da un vampiro. Queste informazioni possono condurre i cacciatori al nascondiglio del vampiro.

Utilizzo di Strumenti di Rilevamento: Alcuni cacciatori utilizzano strumenti specializzati per rilevare la presenza di vampiri. Ciò potrebbe includere dispositivi che misurano la radiazione o l'energia oscura, che sono spesso associati ai vampiri nelle leggende. Questi strumenti possono aiutare a individuare la loro presenza.

Ricerche Storiche e Documentazione: I cacciatori spesso conducono ricerche approfondite sulla storia locale e sulle leggende riguardanti i vampiri. Queste ricerche possono rivelare informazioni su luoghi tradizionalmente associati ai vampiri o sulle modalità in cui venivano cacciati in passato.

Infiltrazione Silenziosa: Una volta individuato un possibile nascondiglio di vampiri, i cacciatori cercano di infiltrarsi in modo silenzioso. Questo può includere l'uso di tecniche di furtività, il passaggio attraverso passaggi segreti o l'accesso a cripte sotterranee dove i vampiri potrebbero nascondersi.

Armamento Adeguato: Prima di intraprendere l'infiltrazione, i cacciatori si preparano adeguatamente con armi e strumenti specifici per combattere i vampiri. Questi possono includere pali di legno benedetti, armi da fuoco caricate con proiettili d'argento o oggetti sacri.

Alleati di Fiducia: In alcune situazioni, i cacciatori possono decidere di allearsi con altre persone di fiducia, come sacerdoti o esperti dell'occulto, per garantire una maggiore protezione durante l'infiltrazione.

Rituali di Protezione: Prima di entrare in un nascondiglio di vampiri, i cacciatori spesso eseguono rituali di protezione per cercare di respingere le influenze oscure e migliorare le proprie possibilità di sopravvivenza.

Attacco Rapido e Deciso: Una volta all'interno del nascondiglio, i cacciatori agiscono con rapidità e decisione per affrontare il vampiro. Questo può implicare l'utilizzo di armi o trappole preparate in anticipo.

Fuga Sicura: In caso di fallimento o di una lotta difficile, i cacciatori sono preparati per una fuga sicura. Questo può comportare la creazione di vie di fuga o la pianificazione di un ritiro strategico.

La caccia ai vampiri richiede un'accurata individuazione dei loro nascondigli e una strategica infiltrazione. I cacciatori devono utilizzare una combinazione di abilità investigative, preparazione e coraggio per affrontare queste creature oscure e pericolose. La ricerca della verità e la protezione delle persone sono sempre al centro di queste missioni, ma bisogna sempre ricordare che i vampiri sono avversari letali che possono infliggere danni irreparabili se non trattati con estrema attenzione.

Nella caccia ai vampiri, una considerazione fondamentale è il rispetto delle credenze locali e delle tradizioni delle comunità in cui si svolge questa attività pericolosa ma necessaria. Questo punto enfatizzerà l'importanza di collaborare con le comunità locali e di evitare l'alienazione nelle aree in cui si intraprende la caccia ai vampiri.

Prima di intraprendere qualsiasi attività di caccia ai vampiri in una determinata area, è essenziale che i cacciatori si informino e comprendano le credenze locali. Queste credenze possono variare ampiamente da una regione all'altra e influenzare la percezione e la paura dei vampiri da parte della popolazione locale.

I cacciatori di vampiri dovrebbero stabilire canali di comunicazione con le autorità locali, come polizia e governi comunali, per garantire che le loro attività siano conformi alle leggi locali e non mettano in pericolo la sicurezza pubblica. La collaborazione con le forze dell'ordine può anche fornire supporto logistico e protezione durante le operazioni di caccia.

Inoltre, i cacciatori dovrebbero impegnarsi nella sensibilizzazione e nell'educazione della comunità locale, condividendo informazioni sugli effetti dei vampiri e su come proteggersi da essi. L'obiettivo è quello di promuovere la sicurezza delle persone e di ridurre la paura irrazionale.

In alcune comunità, possono esistere pratiche rituali o riti tradizionali legati ai vampiri. È fondamentale rispettare queste pratiche, anche se possono sembrare non convenzionali o superstiziose. Questo rispetto reciproco può favorire una convivenza pacifica tra cacciatori e comunità locali.

Nelle aree in cui le credenze legate ai vampiri sono particolarmente radicate, i cacciatori dovrebbero considerare la collaborazione con esperti locali dell'occulto o delle leggende locali. Questi individui possono fornire conoscenze preziose e guidare le operazioni in modo sensibile alle credenze locali.

È essenziale che i cacciatori monitorino eticamente le loro attività per evitare danni collaterali o l'alienazione delle comunità locali. L'obiettivo è garantire che la caccia ai vampiri sia mirata e limitata alle situazioni in cui è necessaria per la protezione delle persone.

I cacciatori dovrebbero fare uno sforzo per dimostrare che le loro attività contribuiscono alla sicurezza e al benessere delle comunità locali. Questo può includere la liberazione delle vittime dai vampiri o la rimozione di minacce pericolose.

Mantenere una comunicazione aperta e trasparente con la comunità locale è cruciale. I cacciatori dovrebbero essere pronti a rispondere alle domande e alle preoccupazioni della popolazione locale per mantenere un clima di fiducia reciproca.

In definitiva, il rispetto delle credenze locali e delle tradizioni è fondamentale per garantire una caccia ai vampiri responsabile ed etica. Le operazioni di caccia dovrebbero sempre mirare alla protezione delle persone e dovrebbero essere condotte in modo che non mettano in pericolo la sicurezza o il benessere delle comunità locali. Collaborando con le autorità e rispettando le credenze delle persone, i cacciatori possono svolgere un ruolo importante nella lotta contro i vampiri, mantenendo al contempo il rispetto e la coesione nelle comunità in cui operano.

Capitolo 7

I Poteri dei Vampiri

Nel misterioso mondo dei vampiri, uno dei poteri più distintivi e temibili è senza dubbio la loro forza sovrumana. Questa inumanità nelle capacità fisiche è un tratto iconico associato a queste creature della notte e rappresenta un aspetto fondamentale del loro mito.

Immaginate di fronte a voi un vampiro, ebbro di sete di sangue umano, i suoi occhi ardenti di desiderio e la bocca disvelata in un ghigno malvagio. In un attimo, questo essere spaventoso può scagliarsi con una forza inimmaginabile, strappando via ogni difesa umana come fossero stracci. La sua forza sovrumana gli consente di compiere gesti che sfidano ogni legge della fisica umana.

Con questa forza sovrumana, un vampiro può spezzare ossa umane come se fossero bastoncini fragili, abbattere porte di legno massiccio con un singolo calcio e sollevare pesi che nessun uomo potrebbe nemmeno sognare di sollevare. Questa potenza smisurata, spesso rappresentata nella cultura popolare attraverso immagini di vampiri che superano in agilità e potenza anche i più allenati atleti umani, è una delle ragioni per cui questi esseri sono così temuti.

Le spiegazioni di questa forza sovrumana variano a seconda delle leggende e delle opere di fiction. Alcune teorie suggeriscono che i vampiri possano ottenere questa forza dalla loro immortale longevità e dal costante nutrirsi di sangue umano. Altre ipotesi parlano di incantesimi o di legami con creature demoniache che conferiscono loro queste abilità sovrannaturali.

Indipendentemente dalle spiegazioni, una cosa è certa: questa forza inumana rende i vampiri esseri incredibilmente pericolosi e difficili da affrontare per gli esseri umani. E mentre ci addentriamo sempre di più nel mondo dei vampiri e dei loro poteri, ricordiamoci sempre che il fascino di queste creature oscure è inseparabile dalla loro natura malvagia e dalla minaccia che rappresentano per il genere umano.

Uno degli aspetti più impressionanti e spaventosi dei vampiri è la loro sorprendente velocità. Questa abilità sovrannaturale consente loro di muoversi a una velocità incredibile, tanto che sembrano sfidare la stessa percezione umana.

Immaginate di trovarvi di fronte a un vampiro, con la sua figura sinistra che si staglia nell'oscurità. In un attimo, questo essere può sparire dalla vostra vista e ricomparire altrove, come se si trattasse di un'illusione. La sua velocità gli consente di attraversare distanze in un batter d'occhio, sfuggendo a qualsiasi tentativo di cattura o fuga.

Questa velocità straordinaria è spesso utilizzata dai vampiri per sorprendere le loro vittime, per cacciare con efficacia o per sfuggire a coloro che cercano di cacciarli. È come se fossero sempre un passo avanti agli esseri umani, un passo avanti nella danza mortale tra preda e predatore.

Le spiegazioni di questa abilità variano nelle leggende e nelle opere di fiction. Alcune teorie suggeriscono che la velocità dei vampiri possa essere legata alla loro sete di sangue umano, che li carica di energia. Altre ipotesi suggeriscono che possano avere un'agilità sovrumana derivante dalla loro condizione non morta o da qualche sorta di incantesimo oscuro.

Indipendentemente dalle spiegazioni, la velocità dei vampiri è un tratto distintivo che aggiunge ulteriore terrore al loro già sinistro arsenale di poteri sovrannaturali. È un promemoria costante che, quando si tratta di vampiri, la fuga è quasi impossibile e la sopravvivenza è spesso solo un sogno lontano.

Uno dei poteri più inquietanti attribuiti ai vampiri è la loro capacità di ipnotizzare le vittime. Questo potere sovrannaturale consente loro di manipolare le menti umane, di incantarle e di renderle vulnerabili alla loro volontà.

Immaginate di trovarvi faccia a faccia con un vampiro. Il suo sguardo ipnotico, penetrante e carico di promesse oscure, può catturare la vostra attenzione in un istante. La sua voce, morbida e seducente, può avvolgervi come un incantesimo, facendovi dimenticare ogni altra cosa tranne il desiderio di compiacere il vostro affascinante aguzzino.

Questo potere è spesso utilizzato dai vampiri per sedurre le loro vittime, per attirarle in una falsa sensazione di sicurezza o per indurle a compiere azioni contro la loro volontà. È come se fosse un'arte oscura, in cui il vampiro diviene il maestro delle marionette, tirando i fili invisibili della mente umana.

Le spiegazioni di questo potere variano da un mito o opera di fiction all'altra. Alcune opere suggeriscono che i vampiri possano influenzare le menti umane attraverso la forza del loro desiderio, mentre altre attribuiscono questo potere a qualche sorta di magia o capacità psichica innata.

Indipendentemente dalla spiegazione, l'ipnotismo letale dei vampiri aggiunge un elemento di terrore alla loro figura già spaventosa. Sottolinea il fatto che, quando ci si trova di fronte a queste creature della notte, la razionalità umana può essere messa da parte, e la volontà può essere piegata al loro volere sinistro.

Un altro potere inquietante attribuito ai vampiri è la telepatia oscura. Questa capacità sovrannaturale consente loro di comunicare telepaticamente con le loro vittime o di percepire i loro pensieri più profondi.

Immaginatevi in una stanza buia, circondati dall'oscurità e da un silenzio opprimente. È in questo ambiente che il vampiro entra in azione, inviando pensieri, desideri e comandi direttamente nella vostra mente. Potete sentire la sua presenza invisibile, eppure così reale da farvi dubitare della vostra sanità mentale.

La telepatia oscura permette ai vampiri di manipolare le vittime in modi subdoli e spesso mortali. Possono convincere le loro vittime a compiere azioni contro la loro volontà, a rivelare segreti o a cedere al loro desiderio insaziabile di sangue. È come se potessero scavare nei recessi più profondi delle menti umane, svelando ogni paura e desiderio nascosto.

Le spiegazioni di questo potere variano da una leggenda o opera di fiction all'altra. Alcune attribuiscono la telepatia dei vampiri a una sorta di connessione psichica tra il vampiro e la sua vittima, mentre altre suggeriscono che sia il risultato di un'abilità innata o di una magia antica.

In ogni caso, la telepatia oscura rende i vampiri ancora più terrificanti, poiché possono penetrare nella sfera più intima della mente umana e manipolarla a loro piacimento. È un potere che mette in evidenza la loro pericolosità e la necessità di vigilare attentamente quando ci si trova in loro presenza.

Uno dei poteri distintivi e inquietanti dei vampiri è la loro capacità di guarire rapidamente dalle ferite. Questo potere va ben oltre la normale rigenerazione umana e consente loro di recuperare da lesioni mortali in un tempo incredibilmente breve.

Immaginatevi un vampiro ferito, colpito da una lama affilata o da un proiettile. In un istante, mentre osservate, la ferita comincia a chiudersi, la pelle si rigenera e il vampiro ritorna in uno stato di perfezione fisica. Questa guarigione veloce è quasi soprannaturale e li rende estremamente difficili da uccidere.

Tuttavia, questa abilità ha una conseguenza inquietante. Poiché i vampiri possono guarire così rapidamente, possono infliggere ferite terribili alle loro vittime senza preoccuparsi delle conseguenze. Un attacco che sarebbe letale per un essere umano può essere solo un inconveniente temporaneo per un vampiro.

Le spiegazioni per questa capacità variano nelle leggende e nelle opere di fiction. Alcuni suggeriscono che i vampiri possano assimilare il sangue delle loro vittime per accelerare la guarigione, mentre altri attribuiscono questa abilità a una sorta di magia oscura o a una maledizione. In ogni caso, è un potere che aumenta ulteriormente il loro status di minaccia e li rende avversari temibili.

Quindi, mentre può sembrare che un vampiro sia vulnerabile, ricordate che la loro guarigione rapida li rende estremamente pericolosi, e un combattimento con uno di essi può avere esiti disastrosi per chiunque si avventuri nel loro mondo oscuro.

La credenza che i vampiri possano trasformarsi in creature animali è un elemento affascinante e spaventoso del loro mito. Questo potere di metamorfosi aumenta notevolmente la loro versatilità nella caccia e li rende ancora più letali.

Immaginate di essere nella notte, circondati dall'oscurità, quando all'improvviso un vampiro appare di fronte a voi. Tutto sembra perduto, ma poi, di colpo, si trasforma in un enorme lupo nero o in un stormo di pipistrelli che si dirige verso di voi. Questo è il potere della trasformazione dei vampiri, una capacità che li rende estremamente pericolosi.

La possibilità di cambiare forma in un animale è un'abilità che molti vampiri sono creduti possedere nelle leggende. Questo potere conferisce loro la capacità di spostarsi inosservati e di accedere a luoghi altrimenti inaccessibili. Possono trasformarsi in un lupo per correre veloci attraverso i boschi o in un pipistrello per volare in luoghi altrimenti inarrivabili.

Le spiegazioni di questo potere variano, ma la maggior parte delle leggende lo attribuisce alla magia o a una sorta di incantesimo oscura. Questa abilità conferisce ai vampiri un'ulteriore aura di mistero e pericolo, poiché possono apparire e scomparire a loro piacimento, sfuggendo ai loro cacciatori e terrorizzando le loro vittime.

Quindi, nella caccia ai vampiri, bisogna sempre essere pronti a fronteggiare la possibilità che il nemico possa trasformarsi in una forma bestiale e aggressiva, rendendo la loro cattura ancora più complessa e rischiosa.

L'idea che i vampiri possano diventare invisibili o sfuggire alla percezione umana aggiunge un ulteriore strato di mistero e pericolo al loro mito. Questa abilità, spesso descritta come "invisibilità mistica", consente loro di nascondersi dagli occhi degli esseri umani quando lo desiderano, rendendo la loro caccia ancora più complicata.

Immaginate di essere in una stanza, circondati dall'oscurità, quando all'improvviso percepisci la presenza di un vampiro. Puoi sentire il respiro affannato, ma non riesci a vedere nulla. La sensazione di impotenza che questa invisibilità mistica può generare è intensa.

Le spiegazioni di questa abilità variano, ma spesso sono legate a pratiche occulte e magia nera. Alcune leggende suggeriscono che i vampiri possano proiettare un'aura di oscurità intorno a sé stessi, mentre altre attribuiscono questa capacità a incantesimi o a un controllo magico sulla percezione umana.

Indipendentemente dalla spiegazione, l'invisibilità mistica è un potere che mette in guardia i cacciatori di vampiri. Quando si cerca di affrontare questi esseri sovrannaturali, bisogna essere consapevoli del fatto che possono scomparire dalla vista umana in un attimo, rendendo estremamente difficile la loro cattura o l'identificazione dei loro nascondigli.

Questo potere è solo un altro esempio di come i vampiri siano dotati di abilità che li rendono formidabili e pericolosi, richiedendo ai cacciatori una conoscenza approfondita e una strategia astuta per affrontarli con successo.

Il potere dei vampiri di infliggere maledizioni e sventure alle loro vittime è un aspetto oscuro e sinistro del loro mito. Questa capacità aggiunge un elemento di terrore e tragedia alle loro storie, poiché spesso le maledizioni dei vampiri portano a conseguenze devastanti per coloro che le subiscono.

Immaginate di avere un incontro con un vampiro, di incrociare il suo sguardo freddo e ipnotico. In quel momento, senza nemmeno rendersene conto, potrebbe infliggervi una maledizione che si manifesterà in forme orribili. Può essere la perdita della salute, della prosperità o persino la rovina delle relazioni personali.

Le maledizioni dei vampiri sono spesso rappresentate come potenti incantesimi o malefici gesti rituali che sono in grado di influenzare la vita delle loro vittime in modi inimmaginabili. Questi effetti possono durare per generazioni, trasmettendosi da una persona all'altra come una macchia oscura.

In molti racconti, le vittime delle maledizioni vampiriche diventano loro stesse creature maledette, condannate a un destino di sofferenza e angoscia. Questo rafforza ulteriormente la percezione dei vampiri come esseri malvagi che portano il male ovunque vadano.

Le spiegazioni di questo potere variano, ma sono spesso legate alla magia nera e alle arti oscure. Alcune leggende suggeriscono che i vampiri abbiano stretto patti con forze demoniache per ottenere tali poteri, mentre altre attribuiscono le maledizioni alla loro stessa natura non mortale.

Il controllo delle maledizioni è un elemento spaventoso del folklore vampirico che enfatizza la malvagità e la pericolosità di queste creature. È un avvertimento per coloro che si avventurano nel mondo dei vampiri: una volta entrati in contatto con queste creature, potrebbero portare con sé una maledizione che cambierà per sempre le loro vite.

La capacità dei vampiri di manipolare elementi naturali, come l'acqua e il fuoco, è un aspetto affascinante e sinistro del loro potere sovrannaturale. Questo potere è spesso associato al concetto di controllo sugli elementi, che aggiunge un livello di potenza e pericolo alle leggende dei vampiri.

Immaginate un vampiro in grado di estendere il suo dominio sull'acqua, facendo scaturire fiumi o inondazioni a suo piacimento. Oppure un vampiro che può scatenare il fuoco, creando incendi distruttivi con un semplice gesto. Questi poteri elementali amplificano il terrore che circonda queste creature, poiché sembrano essere in grado di manipolare la natura stessa a loro vantaggio.

Le spiegazioni di questo potere variano notevolmente nelle leggende dei vampiri. Alcuni suggeriscono che i vampiri siano in qualche modo connessi agli elementi, avendo una sorta di legame innato con essi. Altri racconti attribuiscono questi poteri a patti con forze oscure o entità sovrannaturali, che concedono ai vampiri il controllo sugli elementi come parte del loro patto oscuro.

È importante notare che questi poteri elementali non sono solo manifestazioni fisiche, ma spesso hanno una componente psicologica. Il vampiro è in grado di evocare paure primordiali legate agli elementi nella psiche delle sue vittime, facendo sì che si sentano impotenti di fronte alla sua potenza sovrannaturale.

La manipolazione elementale è un elemento intrigante delle leggende dei vampiri, che aggiunge un tocco di magia nera e pericolosa alla loro figura già enigmatica. È un altro motivo per cui i vampiri sono da temere, poiché sembrano avere il potere di dominare la natura stessa.

La dominazione soprannaturale è uno dei poteri più inquietanti attribuiti ai vampiri nelle leggende e nei racconti dell'occultismo. Questo potere consente ai vampiri di sottomettere e comandare altre creature sovrannaturali, dimostrando la loro supremazia nell'oscurità. È un potere che li pone in cima alla catena alimentare delle creature oscure e li rende ancora più spaventosi per chiunque si trovi nel loro perimetro.

Immaginate un vampiro che cammina tra lupi mannari, demoni o altre creature del mondo delle tenebre, e con un semplice sguardo o un comando verbale, può costringerle a obbedire ai suoi desideri. Questo potere è emblematico della loro natura dominante e predatoria, e serve a rafforzare la percezione dei vampiri come creature superiori nell'ecosistema sovrannaturale.

Le spiegazioni di questo potere variano, ma spesso si suggerisce che i vampiri abbiano una sorta di aura o presenza che è irresistibile per altre creature oscure. Questa aura esercita un controllo mentale su di loro, costringendoli a sottomettersi al vampiro. Alcuni racconti narrano di rituali oscuri o patti demoniaci che conferiscono ai vampiri il potere di dominazione soprannaturale.

La dominazione soprannaturale è un elemento chiave nelle leggende dei vampiri e contribuisce a renderli creature ancora più temibili. È un potere che rafforza la loro aura di pericolo e mistero, sottolineando la necessità di tenerli a bada e cercare di sconfiggerli in ogni modo possibile. È un potere che incute terrore nell'oscurità, sottolineando che i vampiri sono da temere non solo dagli esseri umani ma anche da altre creature dell'oscurità.

Capitolo 8

Le Leggende e i Luoghi Comuni sui Vampiri

Nel folclore e nelle leggende che circondano i vampiri, l'origine maledetta di queste creature è una tematica centrale e avvolta da mistero. Si crede spesso che i vampiri siano il risultato di una maledizione oscura o di un patto demoniaco che ha trasformato gli esseri umani in creature dell'oscurità. Questa narrazione sinistra e affascinante è stata tramandata attraverso le generazioni e ha contribuito a plasmare la percezione dei vampiri come figure malvagie e pericolose.

L'origine maledetta dei vampiri è spesso legata a una condanna eterna, in cui l'individuo trasformato in vampiro è condannato a vagare nell'eterna notte, divorando il sangue degli innocenti per sopravvivere. Questa condanna può essere vista come una punizione per azioni malvage compiute in vita o come il risultato di una scelta consapevole di abbracciare le tenebre in cambio di poteri sovrannaturali.

Alcune leggende suggeriscono che i vampiri abbiano cercato il potere e l'immortalità attraverso riti magici o patti con forze oscure. In cambio di queste abilità sovrannaturali, hanno dovuto abbandonare la loro umanità e accettare la sete eterna di sangue. Questa lotta tra la ricerca del potere e il sacrificio dell'umanità aggiunge un elemento drammatico alla narrativa dei vampiri, rendendoli figure tragiche e maledette.

Le leggende dell'origine maledetta dei vampiri servono a sottolineare la loro natura oscura e la loro separazione dalla società umana. Queste creature sono spesso ritratte come emarginate, condannate a vivere nell'oscurità e a nascondersi dalla luce del giorno. La loro esistenza è una lotta perpetua tra il desiderio di nutrirsi e il peso della loro maledizione.

Tuttavia, mentre queste leggende ci ricordano la pericolosità dei vampiri, è importante notare che nella finzione moderna, i vampiri sono stati anche ritratti in modi più sfumati e complessi, aggiungendo profondità ai loro personaggi. In ogni caso, l'origine maledetta dei vampiri rimane un elemento fondamentale nella mitologia che li circonda e contribuisce a mantenerne viva la loro aura di mistero e pericolo.

La sete insaziabile dei vampiri è uno dei cliché più iconici e spaventosi associati a queste creature delle tenebre. Questo desiderio irrefrenabile di sangue umano è una caratteristica che li rende sempre pericolosi predatori, pronti a cacciare le loro vittime nella notte senza alcuna pietà o rimorso.

La fame eterna dei vampiri è spesso rappresentata come una necessità vitale. Senza il sangue umano, le loro forze svaniscono e diventano deboli, incapaci di sopravvivere. Questa sete di sangue è così profonda che i vampiri sono disposti a tutto pur di placarla, anche se significa commettere atti terribili. Le vittime di un vampiro sono spesso considerate prede, e il vampiro stesso un cacciatore implacabile.

Questa sete di sangue è anche metaforicamente associata alla lussuria e alla perdita di controllo. I vampiri sono spesso ritratti come creature seducenti e affascinanti, e questa sete di sangue può essere interpretata come una rappresentazione della nostra stessa lotta contro i desideri oscuri e incontrollabili che albergano in ognuno di noi.

Nelle leggende, i vampiri sono spesso costretti a nascondersi dalla luce del giorno, in quanto la luce del sole può distruggerli. Questo li costringe a vagare nell'oscurità, a cercare prede nelle notti più buie. La loro sete di sangue li spinge ad agire nell'ombra, sfuggendo alle leggi umane e alla moralità. Questo li rende non solo pericolosi, ma anche sfuggenti, difficili da individuare e affrontare.

In molte storie, la sete insaziabile dei vampiri è una lotta costante per il controllo. Alcuni vampiri cercano di resistere alla loro natura predatrice, mentre altri si abbandonano completamente a essa. Questa lotta interna aggiunge una dimensione drammatica ai personaggi dei vampiri, rendendoli più complessi e intriganti.

La fame (o sete) eterna dei vampiri è un cliché che sottolinea la loro natura predatrice e il loro costante bisogno di sangue umano per sopravvivere. Questa caratteristica contribuisce a definire la percezione dei vampiri come creature pericolose e implacabili, pronte a commettere atti terribili pur di placare la loro sete insaziabile.

La vulnerabilità dei vampiri alla luce del sole è un elemento fondamentale delle leggende e delle rappresentazioni tradizionali di queste creature dell'oscurità. Questo cliché ha contribuito in modo significativo a definire la percezione dei vampiri come esseri notturni e pericolosi, e la sua rappresentazione nel corso del tempo è stata varia ed evoluta.

Nelle leggende più antiche, la luce del sole era spesso vista come letale per i vampiri. Si credeva che i raggi solari potessero bruciare la loro pelle o farli disintegrare in polvere. Questa vulnerabilità alla luce solare simboleggiava la lotta tra il bene e il male, con il sole che rappresentava la purezza e la vita, mentre i vampiri erano associati all'oscurità e alla morte.

La paura del sole ha portato i vampiri a nascondersi durante il giorno, cercando rifugio in cripte, tombe o luoghi bui e remoti. Questo cliché ha contribuito a creare la figura del vampiro come un essere notturno, che si nutre delle tenebre e della paura della luce del giorno.

Nel corso del tempo, l'interpretazione della vulnerabilità alla luce del sole è stata oggetto di variazioni. In alcune rappresentazioni più moderne, i vampiri non si disintegrano istantaneamente alla luce del sole, ma subiscono danni progressivi. Ad esempio, possono bruciare lentamente o perdere i loro poteri mentre sono esposti alla luce solare.

Questo cliché ha aggiunto un elemento di suspense nelle storie di vampiri, poiché i protagonisti spesso cercano di sconfiggere i vampiri esponendoli alla luce del giorno. Tuttavia, è importante notare che in alcune versioni più recenti delle storie, i vampiri hanno sviluppato mezzi per proteggersi dalla luce solare, come l'uso di abiti speciali o creme protettive.

La vulnerabilità dei vampiri alla luce del sole è uno dei cliché più iconici e duraturi associati a queste creature dell'oscurità. Questa caratteristica ha contribuito a definire il loro carattere come esseri notturni e pericolosi, e la sua rappresentazione nel corso del tempo ha aggiunto profondità e complessità alle storie di vampiri, contribuendo a mantenerli un elemento centrale del folclore e della cultura popolare.

L'aglio e le croci sono tra gli oggetti più noti e utilizzati come simboli di protezione contro i vampiri nelle leggende e nelle rappresentazioni tradizionali. Questi elementi aggiungono un ulteriore strato di mistero e folklore intorno alle creature dell'oscurità.

L'aglio, in particolare, è spesso considerato uno dei repellenti più potenti contro i vampiri. Si crede che il forte odore e il gusto pungente dell'aglio siano insopportabili per i vampiri, tanto da tenerli lontani. L'uso dell'aglio come protezione risale a antiche credenze popolari, dove veniva collocato in varie forme vicino alle finestre, alle porte o indossato come amuleto. Questa pratica aveva lo scopo di creare una barriera tra i vampiri e i luoghi in cui vivevano gli esseri umani. Nelle leggende, si sostiene che anche l'aglio sia stato utilizzato per respingere altre creature soprannaturali, come streghe e demoni.

Le croci, invece, sono simboli di fede cristiana e sono spesso utilizzate per tenere lontani i vampiri. Si crede che la presenza di una croce o l'atto di fare il segno della croce possa respingere i vampiri, che sono considerati creature demoniache o malvagie. Questo elemento aggiunge un aspetto religioso alle leggende sui vampiri, sottolineando la lotta tra il bene e il male.

Nelle rappresentazioni più moderne dei vampiri, l'efficacia di questi simboli di protezione può variare. Alcune storie li mantengono come difese efficaci, mentre altre suggeriscono che i vampiri possano sviluppare una sorta di resistenza o immunità nei confronti di tali oggetti.

In ogni caso, l'aglio e le croci sono diventati parte integrante dell'iconografia dei vampiri e dei loro cacciatori. Questi simboli contribuiscono a creare tensione e dramma nelle storie, in quanto i personaggi cercano di utilizzare questi mezzi tradizionali per proteggersi dai pericolosi predatori notturni.

L'immortalità e la non morte sono tra le caratteristiche più iconiche e spaventose dei vampiri nelle leggende e nella cultura popolare. Questa leggenda vuole che i vampiri siano condannati a vivere per l'eternità, ma non come esseri viventi, bensì come creature non morte. Questo stato di non morte è spesso rappresentato come una maledizione, una punizione eterna per la loro sete di sangue umano e le loro azioni malvagie.

L'idea dell'immortalità dei vampiri è affascinante ma anche terrificante. Da un lato, la prospettiva di una vita eterna potrebbe sembrare allettante, ma dall'altro, la condizione di non morte implica una serie di orrori. I vampiri sono costretti a bere sangue umano per sopravvivere, il che li spinge a compiere atti atroci e a essere perennemente in fuga dalla luce del sole e dai cacciatori di vampiri.

La non morte dei vampiri è spesso collegata a una maledizione o a un evento soprannaturale che li ha trasformati in creature oscure. Questo aspetto aggiunge una dimensione tragica alle leggende dei vampiri, in quanto molte storie narrano la loro origine come individui umani che sono stati vittime di eventi orribili prima della loro trasformazione. Questo può suscitare una sorta di empatia per questi personaggi, anche se rimangono dei predatori pericolosi.

L'immortalità dei vampiri è spesso contrapposta alla mortalità degli esseri umani, creando un conflitto centrale nelle storie in cui sono presenti. Questo contrasto tra la vita e la non morte aggiunge tensione e dramma alle narrazioni, mentre i personaggi cercano di sopravvivere in un mondo dominato dai vampiri.

La credenza nella capacità dei vampiri di trasformarsi in animali o nebbia è un elemento ricorrente nelle leggende e nelle storie di vampiri. Questo potere sovrannaturale aggiunge un elemento di versatilità e furtività alle loro abilità, permettendo loro di sfuggire ai predatori o di infiltrarsi nei luoghi senza essere rilevati.

La trasformazione in animali è spesso associata ai vampiri, che possono scegliere di assumere le sembianze di creature come pipistrelli, lupi o addirittura ragni. Questa capacità rende difficile per i cacciatori di vampiri individuarli, poiché possono mimetizzarsi tra le creature del mondo naturale. La credenza che i vampiri siano in grado di controllare gli animali o addirittura di comunicare con loro aggiunge un ulteriore elemento di pericolo e mistero a questa abilità.

La trasformazione in nebbia è un'altra caratteristica spesso attribuita ai vampiri. Questa abilità consente loro di diventare una sottile nebbia, sfuggendo fisicamente ai loro inseguitori o infiltrandosi attraverso spazi ristretti e aperture. Questa forma di trasformazione è particolarmente utile per evitare situazioni pericolose o per entrare in luoghi inaccessibili alle creature umane.

È importante notare che la credenza nella trasformazione in animali o nebbia può variare nelle diverse leggende e tradizioni legate ai vampiri. Questi poteri possono essere utilizzati sia come meccanismo di difesa che come arma per attaccare le vittime, a seconda della narrazione.

In ogni caso, la possibilità che i vampiri possano cambiare forma aggiunge un livello di imprevedibilità e terrore alle leggende dei vampiri, poiché le loro vittime umane non sanno mai quando o come potrebbero essere attaccate. Questi elementi contribuiscono a consolidare l'immagine dei vampiri come creature pericolose e sfuggenti che devono essere temute.

Il potere di seduzione esercitato dai vampiri è un elemento intrinseco alle leggende e ai miti che li circondano. Questo aspetto rende i vampiri tanto affascinanti quanto pericolosi, poiché sono in grado di attirare e ipnotizzare le loro vittime umane con una magnetica seduzione mortale.

Nelle storie di vampiri, spesso vediamo come questi esseri sovrannaturali siano dotati di un carisma straordinario, di una bellezza ipnotica e di una presenza magnetica. Questi tratti sono utilizzati per sedurre le loro prede umane, facendo sì che queste ultime abbassino le loro difese e si avvicinino volontariamente al vampiro. La vittima si trova così intrappolata in una rete di desiderio e fascino, incapace di resistere al richiamo del vampiro.

La seduzione mortale dei vampiri è spesso accompagnata dalla promessa di eternità o di piacere sensoriale, creando un forte legame emotivo tra il vampiro e la sua vittima. Questa seduzione può variare dalle storie romantiche in cui il vampiro conquista il cuore della sua vittima, alle rappresentazioni più oscure in cui la seduzione è solo un mezzo per raggiungere l'obiettivo finale: il consumo del sangue umano.

È importante sottolineare che la seduzione esercitata dai vampiri rappresenta una minaccia duplice. Da un lato, le vittime umane possono cadere sotto il loro controllo e diventare servitori inconsapevoli o addirittura amanti del vampiro. Dall'altro lato, la seduzione può portare a un destino terribile, poiché il vampiro alla fine rivelerà la sua vera natura predatrice.

Inoltre, la seduzione mortale dei vampiri può essere vista come una rappresentazione simbolica delle tentazioni e delle passioni umane più oscure. Questo aspetto delle leggende dei vampiri ci ricorda che le nostre stesse debolezze e desideri possono essere usati contro di noi, portandoci verso un destino oscuro e infausto.

La seduzione mortale è un elemento chiave nell'immagine dei vampiri, sottolineando il loro potere di corrompere e attrarre le vittime umane. Questo li rende non solo creature pericolose ma anche figure affascinanti e misteriose che alimentano le nostre paure più profonde.

Il cliché del castello oscuro è un elemento iconico nelle leggende sui vampiri e nelle opere di narrativa gotica. Questo luogo di residenza isolato è spesso associato all'immagine dei vampiri, contribuendo a creare un'atmosfera di mistero, terrore e isolamento che li circonda.

I castelli oscuri sono di solito situati in luoghi remoti e inaccessibili, come le vette delle montagne, le regioni selvagge o le lande desolate. Questa scelta di ubicazione contribuisce a rendere il castello inaccessibile e difficile da raggiungere per gli intrusi. Spesso, il castello è circondato da foreste oscure, fiumi tempestosi o burroni inquietanti, creando un'atmosfera di inquietudine e isolamento.

All'interno del castello, si trovano spesso ambienti cupi e decadenti, con lampade a olio tremolanti, mobili antichi e polverosi, e quadri di parenti vampiri che guardano minacciosamente dai muri. Questa rappresentazione dell'ambiente interno del castello contribuisce a creare un'atmosfera di decadimento e abbandono, sottolineando il fatto che i vampiri sono creature che sfuggono al passare del tempo.

Il castello oscuro non è solo un luogo di residenza per il vampiro, ma spesso funge anche da rifugio sicuro durante il giorno, quando il sole rappresenta una minaccia mortale per queste creature. Le pareti spesse, le finestre chiuse ermeticamente e le porte massicce impediscono all'irrancidio di raggiungere l'interno del castello, permettendo al vampiro di riposare in pace.

Inoltre, il castello oscuro è spesso descritto come un luogo intriso di antiche maledizioni e segreti nascosti. Questi elementi contribuiscono a enfatizzare il mistero e la pericolosità dei vampiri, suggerendo che all'interno del castello si nascondono oscuri rituali e poteri sovrannaturali.

Il cliché del castello oscuro rappresenta un elemento fondamentale nelle leggende e nelle rappresentazioni dei vampiri, contribuendo a creare un'atmosfera di terrore, mistero e isolamento intorno a queste creature dell'oscurità. Il castello funge da simbolo del loro potere e della loro inaccessibilità, sottolineando così il motivo per cui vanno temuti.

Il famoso cliché che i vampiri non possono entrare in una casa senza essere stati invitati è una caratteristica intrinseca nelle leggende dei vampiri. Questo elemento aggiunge un ulteriore strato di complessità e mistero al folklore dei vampiri e riflette il concetto che queste creature dell'oscurità sono legate a regole e restrizioni sovrannaturali.

L'incantesimo dell'invito è considerato una sorta di protezione magica implicita delle case umane. La credenza comune è che, fintanto che gli abitanti di una casa non invitano esplicitamente un vampiro all'interno, il vampiro non può varcare la soglia. Questa credenza ha radici antiche nelle leggende e si ritiene che abbia origine da superstizioni popolari e da rituali di protezione.

Una possibile spiegazione dietro questa caratteristica è che il vampiro è intrappolato da un incantesimo di protezione che circonda la casa umana. L'invito da parte degli abitanti della casa rappresenterebbe una sorta di consenso alla rimozione temporanea di questa protezione, consentendo al vampiro di entrare. Questa idea suggerisce che il vampiro sia soggetto a leggi e regole sovrannaturali che limitano la sua capacità di agire in modo indipendente.

Un'altra interpretazione è che l'incantesimo dell'invito sia legato al concetto di libero arbitrio. Il vampiro, essendo considerato una creatura demoniaca o non morta, non può forzare la sua entrata in una casa senza il consenso dei suoi abitanti umani. Questo potrebbe riflettere l'idea che la volontà umana e la fede siano in grado di contrastare le forze oscure.

L'incantesimo dell'invito è un elemento chiave nelle leggende dei vampiri, aggiungendo un aspetto di mistero e di complessità al loro mito. Questo cliché sottolinea il concetto che i vampiri sono soggetti a regole sovrannaturali e restrizioni e che, nonostante la loro natura demoniaca, devono comunque rispettare il libero arbitrio umano.

Il risveglio notturno è uno degli elementi chiave delle leggende sui vampiri e contribuisce in modo significativo a creare l'immagine di esseri notturni temibili. Questo cliché si basa sulla convinzione che i vampiri siano creature che escono dalla loro tomba o dal loro rifugio solo dopo il tramonto e che abbiano una forte avversione alla luce del sole.

L'associazione tra i vampiri e la notte risale a tempi antichi e può essere spiegata da diverse prospettive. Una delle interpretazioni più comuni è che la notte offre un'atmosfera di oscurità e mistero che si presta perfettamente all'immaginario dei vampiri. La luce del sole rappresenta la vita, la chiarezza e la speranza, mentre la notte evoca il lato oscuro e nascosto dell'esistenza.

Dal punto di vista pratico, il fatto che i vampiri si risveglino di notte è spesso collegato alla loro vulnerabilità alla luce solare. L'esposizione alla luce del sole è considerata letale per molte leggende dei vampiri, il che rende la notte il momento ideale per le loro attività. Questa vulnerabilità aggiunge un elemento di pericolo quando il vampiro è costretto a nascondersi o a cercare rifugio durante le ore diurne.

Inoltre, il risveglio notturno dei vampiri è legato al concetto di predazione. Le notti offrono loro un'opportunità ideale per cercare prede umane indisturbati e per nutrirsi del loro sangue. Questo cliché sottolinea l'idea che i vampiri sono creature assetate di sangue, in cerca di vittime da cacciare durante le ore buie.

Il risveglio notturno è un elemento fondamentale delle leggende sui vampiri, contribuendo a creare l'immagine di esseri notturni temibili e assetati di sangue. Questo cliché sottolinea il contrasto tra la luce del giorno, simbolo di vita e speranza, e l'oscurità della notte, rappresentazione dell'oscurità e del mistero associati a queste creature leggendarie.

Capitolo 9

Le Paure e le Fobie Legate ai Vampiri

Nella cultura popolare moderna, i vampiri hanno assunto un ruolo di rilievo che va ben oltre le leggende e i miti tradizionali. Queste creature dell'oscurità hanno infiltrato con successo film, serie TV, libri e altri media, influenzando profondamente le percezioni e le paure dell'umanità nei loro confronti. È fondamentale comprendere l'estensione di questa influenza e come essa abbia contribuito a forgiare una complessa relazione tra fascinazione e terrore.

I vampiri, con le loro caratteristiche sovrannaturali e il loro potere di seduzione, sono diventati protagonisti di una vasta gamma di opere di narrativa. Dall'iconico conte Dracula di Bram Stoker alle più recenti saghe romantiche di vampiri, questi personaggi hanno affascinato il pubblico e stimolato la nostra immaginazione. Tuttavia, la loro influenza non si è limitata alla letteratura, ma si è estesa anche al cinema e alla televisione.

I film e le serie TV sul tema dei vampiri hanno spesso presentato queste creature come individui enigmatici, immortali e affascinanti, capaci di sedurre e intrappolare le loro vittime. Queste rappresentazioni hanno alimentato la paura del potere di seduzione mortale dei vampiri, facendo leva sul desiderio umano di passione e avventura, ma anche sulla nostra profonda apprensione di essere ingannati e consumati da forze oscure.

Il successo delle opere incentrate sui vampiri ha contribuito all'espansione di un intero genere, noto come "urban fantasy" o "paranormal romance", in cui esseri sovrannaturali, tra cui vampiri, sono al centro di storie di amore, desiderio e pericolo. Questi racconti spesso esplorano il confine sottile tra l'attrazione e il pericolo, mettendo in luce come la seduzione dei vampiri possa nascondere una minaccia mortale.

Ma l'influenza dei vampiri non si ferma qui. Le rappresentazioni di queste creature hanno anche permeato la cultura pop attraverso l'arte, la moda e il folklore contemporaneo. L'immagine stilizzata del vampiro, con i suoi abiti eleganti e il pallido volto aristocratico, è diventata un'icona di fascino e mistero. Tuttavia, dietro a questa superficie affascinante si cela spesso la paura dell'oscurità, dell'immortalità indesiderata e della seduzione letale.

L'influenza dei vampiri nella cultura popolare è un fenomeno complesso e multiforme. Queste creature sovrannaturali hanno incantato e spaventato generazioni di spettatori e lettori, influenzando le percezioni e le paure legate a loro. Se da un lato ci lasciamo attrarre dalla loro eterna giovinezza e dalla loro seduzione, non possiamo dimenticare che dietro a quegli sguardi affascinanti si nasconde un pericolo reale. È quindi fondamentale esplorare questa influenza con occhi critici e consapevoli del potere che i vampiri esercitano sulla nostra immaginazione.

Il rapporto tra il fascino e la repulsione nei confronti dei vampiri è un aspetto cruciale della loro rappresentazione nella cultura popolare. Queste creature sono maestri nell'esercitare un'affascinante presenza che cattura l'immaginazione del pubblico, ma al contempo evocano un senso profondo di repulsione e terrore.

I vampiri sono spesso raffigurati con una bellezza e un'eleganza straordinarie, incarnando l'archetipo del seduttore o della seduttrice letale. Le loro sembianze pallide e aristocratiche, unite a un magnetismo innaturale, li rendono affascinanti e irresistibili. Questo fascino oscuro è un elemento chiave delle rappresentazioni dei vampiri, poiché si nutre dei desideri e delle fantasie più profonde dell'essere umano: la promessa di eterna giovinezza, passione sfrenata e potere sovrannaturale.

Tuttavia, dietro a questa seduzione si nasconde un pericolo mortale. I vampiri si nutrono del sangue umano per sopravvivere, e questa necessità li costringe a un lato oscuro e predatorio. Questo conflitto tra la loro seduzione innata e la loro sete insaziabile di sangue crea un'ambiguità che alimenta il senso di repulsione nei confronti di queste creature. La paura di essere consumati o manipolati da un vampiro è una delle paure più profonde dell'umanità.

Questo complesso rapporto tra fascino e repulsione rende le rappresentazioni dei vampiri straordinariamente efficaci nel suscitare emozioni contrastanti nel pubblico. Ciò li rende personaggi affascinanti e allo stesso tempo terrificanti, incanalando le nostre paure più profonde e i desideri più nascosti.

Inoltre, il concetto del vampiro come essere che sfida le norme della moralità umana e si libera delle restrizioni della morte rende queste creature ancora più ambigue. La loro immortalità e il loro distacco dalle convenzioni sociali li pongono al di fuori della sfera umana, creando un'atmosfera di alienazione e mistero che suscita sia fascinazione che repulsione.

Il complesso equilibrio tra il fascino e la repulsione nei confronti dei vampiri è una delle chiavi del loro successo duraturo nella cultura popolare. Queste creature oscure ci costringono a confrontarci con le nostre paure più profonde e i nostri desideri più proibiti, rendendo la loro influenza sulla nostra immaginazione profonda e duratura. Pur essendo affascinanti, dobbiamo ricordare costantemente che i vampiri sono pericoli e vanno temuti.

La paura di un'immortalità non desiderata è una tematica centrale nelle rappresentazioni dei vampiri. Questi esseri sono spesso dipinti come condannati a vivere nell'eterna non morte, una sorta di limbo tra la vita e la morte. La loro immortalità è un dono maledetto, un'eternità che li costringe a esistere in un mondo che sta costantemente cambiando, mentre loro rimangono invariati nel tempo.

Se da un lato può sembrare allettante l'idea di vivere per sempre, essa si trasforma rapidamente in un incubo quando si considerano le conseguenze. I vampiri sono spesso raffigurati come creature solitarie e disperate, condannate a vedere i loro cari invecchiare e morire, incapaci di stabilire legami duraturi con gli esseri umani. Questo senso di isolamento e perdita è una delle paure più profonde dell'essere umano, e i vampiri ne sono la rappresentazione vivente.

Inoltre, l'immortalità dei vampiri spesso li rende testimoni impotenti delle proprie trasformazioni. Mentre gli esseri umani invecchiano e cambiano nel corso della loro vita, i vampiri rimangono intrappolati nella loro forma immutabile. Questa staticità può diventare un'agonia quando si considera che la crescita personale e l'evoluzione sono elementi fondamentali per l'esperienza umana.

La paura di un'immortalità non desiderata mette in discussione i desideri di immortalità e di eterna giovinezza che talvolta permeano i sogni umani. Ciò che sembra allettante inizialmente si trasforma in una condanna, sottolineando il fatto che la morte è una parte intrinseca della vita e che cercare di eluderla può avere conseguenze devastanti.

La paura di un'immortalità non desiderata riflette la complessità delle rappresentazioni dei vampiri nella cultura popolare. Questi esseri, sebbene affascinanti, ci mettono di fronte alla realtà che la morte è inevitabile e che cercare di sfuggirle può avere conseguenze terribili. I vampiri incarnano questa ambiguità tra il desiderio di vita eterna e la consapevolezza che potrebbe rivelarsi un incubo senza fine, e questo li rende figure tanto affascinanti quanto spaventose.

Le leggende dei vampiri sono maestri nell'incutere la paura dell'oscurità e dell'isolamento. Queste creature dell'oscurità sono spesso associate a luoghi bui, sinistri e isolati, creando un'atmosfera di terrore che contribuisce al timore dell'ignoto che si nasconde nell'ombra.

L'oscurità è un elemento fondamentale nelle rappresentazioni dei vampiri. Si dice che essi si nascondano nelle tenebre, emergendo solo di notte per cacciare e nutrirsi del sangue degli innocenti. Questa connessione tra vampiri e oscurità fa sì che la notte diventi un momento di ansia per coloro che temono l'incontro con queste creature malefiche.

Inoltre, i vampiri sono spesso raffigurati come esseri solitari e reclusi. Le loro dimore sono spesso castelli isolati o cripte oscure, lontane dalla civiltà umana. Questo isolamento accentua il senso di paura e mistero che circonda i vampiri, in quanto è difficile prevedere quando e dove potrebbero emergere per compiere i loro atti malvagi.

La paura dell'oscurità e dell'isolamento è profondamente radicata nell'essere umano. L'idea di essere soli in luoghi bui e remoti alimenta le paure ancestrali legate alla sopravvivenza e alla sicurezza. Le leggende dei vampiri sfruttano abilmente queste paure, trasformando la notte e i luoghi isolati in spazi di terrore e pericolo.

Le leggende dei vampiri contribuiscono in modo significativo alla paura dell'oscurità e dell'isolamento, creando un'atmosfera di suspense e terrore che continua a influenzare la cultura popolare e le nostre paure più profonde. Questa connessione tra vampiri, oscurità e isolamento ci ricorda che, anche nella modernità, l'oscurità può nascondere minacce inimmaginabili, alimentando così la paura di ciò che potrebbe celarsi nell'ombra.

La paura della seduzione mortale è un elemento cruciale nelle leggende dei vampiri. Questi esseri malvagi sono spesso ritratti come creature irresistibilmente seducenti che utilizzano il loro fascino per attirare le loro vittime nell'abisso oscuro della loro esistenza non morta.

Nelle storie di vampiri, la seduzione non è mai solo una questione di attrazione fisica, ma anche di manipolazione mentale. I vampiri sono spesso in grado di ipnotizzare le loro vittime, controllandole o incantandole attraverso il potere della suggestione. Questa capacità di influenzare la volontà umana fa sì che le vittime cadano sotto il loro controllo senza rendersene conto, alimentando così la paura di essere ingannati da una forza sovrannaturale.

La seduzione mortale dei vampiri rappresenta una paura profonda e universale: la paura di essere ingannati o sedotti da forze oscure che cercano di manipolare la nostra volontà e portarci sulla strada della perdizione. È la paura di essere abbandonati al nostro destino, privati della nostra autonomia e della nostra identità.

Questo tema mette in evidenza il conflitto tra il desiderio umano di essere amati e desiderati e la paura di essere vittime di un amore malvagio e distruttivo. Nei racconti di vampiri, la seduzione è spesso seguita dalla rivelazione della vera natura dei vampiri, creando così un senso di orrore e tradimento.

La paura della seduzione mortale nei racconti dei vampiri mette in luce la fragilità dell'umanità di fronte a forze sovrannaturali seducenti e manipolatrici. Rappresenta una paura universale che ci ricorda quanto sia importante difenderci dalle influenze oscure e rimanere vigili di fronte al pericolo che si cela dietro il fascino apparentemente irresistibile dei vampiri.

Una delle paure più profonde associate ai vampiri è la paura di perdere la propria identità e di diventare una creatura senza anima. Questo tema è strettamente legato alla maledizione della non morte, che spesso affligge i vampiri nelle storie popolari.

Nelle rappresentazioni dei vampiri, la non morte è una condizione in cui il corpo rimane funzionante ma l'anima è perduta o danneggiata in qualche modo. Questo stato di transizione tra la vita e la morte porta spesso a una lotta per mantenere la propria identità e la propria umanità. I vampiri devono nutrirsi del sangue degli esseri umani per sopravvivere, ma questo atto li allontana sempre di più dalla loro natura umana, alimentando la paura di diventare creature prive di compassione e moralità.

La perdita di identità è una paura universale, poiché rappresenta la lotta per mantenere ciò che ci rende umani. Nei racconti di vampiri, questa paura è amplificata dalla maledizione della non morte, che costringe i vampiri a vivere nell'eterna oscurità, lontani dalla luce del giorno e dalla vita normale.

Inoltre, la paura della perdita di identità è spesso accompagnata dalla paura di essere riconosciuti come mostri, emarginati dalla società umana. Questo tema mette in evidenza la lotta interna dei vampiri per cercare di mantenere la loro umanità mentre sono costretti a vivere nell'ombra e a nascondere la loro vera natura.

La paura della perdita di identità nei racconti dei vampiri riflette la lotta per mantenere la propria umanità in circostanze estreme e rappresenta una paura profonda che colpisce il nucleo della nostra identità e della nostra moralità. È una paura che ci spinge a riflettere su ciò che ci rende davvero umani e su come possiamo difenderci dalla tentazione di abbracciare l'oscurità che si cela dietro la maledizione della non morte.

La paura delle maledizioni e delle sventure è un tema intrinsecamente legato all'immagine dei vampiri. Queste creature dell'oscurità sono spesso considerate portatrici di poteri maledetti e capaci di infliggere terribili conseguenze a coloro che entrano in contatto con loro.

Nei racconti di vampiri, le maledizioni possono assumere molte forme, dalle semplici sventure alla dannazione eterna. I vampiri sono spesso descritti come individui che hanno intrapreso un percorso oscuro e che ora sono condannati a vivere nell'eterna non morte. Questa maledizione si riflette spesso nei loro poteri e nelle loro debolezze, come la vulnerabilità alla luce del sole o l'inesauribile sete di sangue umano.

Coloro che hanno il "dubbio onore" di incrociare il cammino di un vampiro sono considerati vittime potenziali di queste maledizioni. La paura di essere maledetti o di subire sventure terribili è un elemento ricorrente nei racconti di vampiri e aggiunge un livello di suspense e terrore alle storie.

Inoltre, la paura delle maledizioni e delle sventure è spesso legata alla difficoltà di sconfiggere i vampiri. Poiché questi esseri sono immortali e possiedono poteri sovrannaturali, lottare contro di loro è una sfida estrema. La paura di fallire nel tentativo di eliminare un vampiro può portare a una sensazione di impotenza e disperazione, contribuendo ulteriormente alla tensione narrativa.

La paura delle maledizioni e delle sventure nei racconti di vampiri è una rappresentazione delle conseguenze oscure e spaventose che possono derivare dall'interazione con queste creature dell'oscurità. Questo tema aggiunge suspense e drammaticità alle storie di vampiri, creando una sensazione di pericolo imminente che circonda le vittime e i cacciatori di vampiri.

Una delle paure più profonde legate ai vampiri è la paura del sangue e della vampirizzazione. Questo tema è fondamentale nelle rappresentazioni delle creature vampiriche, e la sua importanza risiede nella natura stessa dei vampiri, che si nutrono del sangue umano per sopravvivere.

Il sangue, nell'immaginario collettivo, è spesso considerato il simbolo della vita e della vitalità. La sua perdita è associata alla morte e alla debolezza, e questo concetto è alla base della paura che i vampiri ispirano. Il fatto che questi esseri siano costretti a nutrirsi del sangue altrui sottolinea la loro natura predatoria e il loro distacco dalla condizione umana.

La vampirizzazione, il processo attraverso il quale un individuo viene trasformato in un vampiro dopo essere stato morso da uno di essi, è un tema ricorrente. La paura di essere morso da un vampiro e di subire questa trasformazione è una delle angosce centrali nei racconti di vampiri. Essa rappresenta la perdita della propria umanità e il passaggio a una vita eterna nell'oscurità.

La paura del sangue e della vampirizzazione è spesso accompagnata da immagini di vampiri che si nutrono del sangue delle loro vittime. Queste scene sono cariche di tensione e terrore, poiché rappresentano un atto di violenza e sottomissione. La vittima è impotente di fronte all'aggressore vampiro, il quale, con una morsa affilata e letale, si nutre del suo sangue.

La paura del sangue e della vampirizzazione è una componente chiave delle storie di vampiri. Questa paura mette in evidenza la natura predatrice e aliena dei vampiri, mentre allo stesso tempo sottolinea la vulnerabilità degli esseri umani di fronte a queste creature. È un tema che suscita orrore e repulsione, contribuendo a rendere i vampiri delle figure terrificanti nei racconti dell'orrore gotico.

Una delle paure più ancestrali legate ai vampiri è la paura dell'invasione notturna. Questo timore si basa sulla vulnerabilità umana durante il sonno, un momento in cui ci affidiamo completamente all'oscurità della notte e ai sogni per recuperare le energie. I vampiri, creature notturne per eccellenza, si appropriano di questa vulnerabilità, trasformandola in un motivo di terrore.

Il sonno è il momento in cui gli esseri umani si trovano in uno stato di totale abbandono, in cui la vigilanza e la difesa sono ridotte al minimo. È proprio durante queste ore oscure che i vampiri, spesso rappresentati come creature affascinanti e seducenti, entrano in scena. L'idea di un vampiro che si avvicina silenziosamente a una vittima addormentata è un'immagine da brividi che ha affascinato e spaventato le menti umane per secoli.

Questa paura dell'invasione notturna sottolinea il concetto di vulnerabilità umana di fronte a forze sovrannaturali. Mentre dormiamo, siamo indifesi e incapaci di difenderci da un potente vampiro assetato di sangue. La vulnerabilità del sonno mette in evidenza la presenza costante del pericolo nell'oscurità, un pericolo che potrebbe colpire in qualsiasi momento.

Inoltre, la paura dell'invasione notturna contribuisce a creare un senso di paranoia. Mentre ci rifugiamo sotto le coperte durante la notte, potremmo immaginare che ogni scricchiolio o sussurro sia un segno del vampiro che si avvicina. Questa ansia notturna, alimentata dalle storie di vampiri, ha contribuito a rafforzare la paura dell'oscurità e l'idea che la notte sia il regno di creature oscure.

L'influenza dei vampiri nell'arte e nella letteratura è stata profonda e duratura. Nel corso dei secoli, queste creature sovrannaturali hanno ispirato innumerevoli opere che hanno plasmato la percezione e la paura nei confronti dei vampiri stessi. In questo punto, esploreremo come l'arte e la letteratura vampirica abbiano contribuito a diffondere la loro fama e a instillare il terrore nell'immaginario collettivo.

Le prime rappresentazioni dei vampiri nella letteratura risalgono al XVIII secolo con opere come "Il Vampiro" di Heinrich August Ossenfelder e "Carmilla" di Joseph Sheridan Le Fanu. Tuttavia, è con il romanzo "Dracula" di Bram Stoker, pubblicato nel 1897, che i vampiri hanno guadagnato una notorietà senza precedenti. Quest'opera ha introdotto il personaggio di Dracula, un vampiro aristocratico e seducente che si nutre del sangue umano. La figura di Dracula ha incarnato il fascino oscuro e la pericolosità dei vampiri, dando vita a un'icona indiscussa del genere.

Le rappresentazioni artistiche dei vampiri spesso enfatizzano il loro aspetto seducente e misterioso. Dipinti, illustrazioni e sculture ritraggono spesso vampiri di grande bellezza, ma nascosti dietro a questa facciata attraente si cela un'oscurità inquietante. Questo contrasto tra l'aspetto affascinante e il comportamento predatorio ha alimentato la paura e la fascinazione per queste creature.

Nel corso del XX secolo, il cinema ha contribuito notevolmente a diffondere l'immagine dei vampiri. Film come "Nosferatu" (1922), "Dracula" (1931), e le moderne saghe di "Twilight" e "Underworld" hanno portato i vampiri sul grande schermo, enfatizzando la loro immortalità, la sete di sangue e il potere di seduzione. Queste rappresentazioni cinematografiche hanno reso i vampiri icone dell'orrore e del desiderio allo stesso tempo.

Nella letteratura contemporanea, i vampiri sono stati oggetto di una vasta gamma di opere, da romanzi horror a romanzi romantici. Autori come Anne Rice con la sua serie "Le Cronache dei Vampiri" e Stephenie Meyer con la serie "Twilight" hanno reinterpretato il mito vampirico in modi nuovi e intriganti, aggiungendo nuove sfaccettature al genere.

L'arte e la letteratura vampirica hanno plasmato la percezione di queste creature sovrannaturali nel corso dei secoli. Attraverso opere letterarie e rappresentazioni artistiche, i vampiri sono diventati simboli di seduzione oscura e terrore notturno, alimentando le paure e le fantasie dell'umanità riguardo a queste creature leggendarie.

Capitolo 10

Conclusioni e Riflessioni

Il mito dei vampiri, con le sue radici che affondano nella notte dei tempi, si erge come uno dei fenomeni culturali più resistenti e duraturi della storia umana. Queste creature dell'oscurità, sebbene abbiano attraversato molte metamorfosi nel corso dei secoli, mantengono una presenza costante nell'immaginario collettivo e nella cultura popolare contemporanea. La loro influenza non conosce confini geografici né temporali, continuando a esercitare un'attrazione e una repulsione che sfidano il trascorrere del tempo.

La storia dei vampiri ha attraversato epoche diverse, adattandosi alle paure e alle speranze delle società in evoluzione. Dalle leggende folkloristiche dell'Europa orientale alle affascinanti rappresentazioni cinematografiche dei giorni nostri, il mito dei vampiri ha dimostrato una sorprendente versatilità e resilienza. Questo adattamento costante testimonia la capacità delle storie di vampiri di riflettere le preoccupazioni più profonde e le ansie collettive di ogni epoca.

È fondamentale comprendere che, nonostante la loro presenza prolungata nell'immaginario umano, i vampiri rappresentano ancora una minaccia pericolosa. La loro seduzione e il loro fascino possono mascherare la loro vera natura letale, e questa ambivalenza costituisce una parte essenziale della loro attraente pericolosità. Pertanto, mentre celebriamo la persistenza di questo mito affascinante, è altrettanto importante mantenere una consapevolezza critica e riconoscere che i vampiri continuano a simboleggiare il lato oscuro e letale della nostra immaginazione.

Esamineremo adesso più da vicino le implicazioni culturali e psicologiche del mito dei vampiri, svelando ulteriormente le sfumature di questa affascinante e inquietante leggenda.

La doppia natura dei vampiri costituisce uno degli aspetti più intriganti e complessi di questo mito centenario. Essi incarnano la dualità stessa della natura umana, esponendo le contraddizioni e i conflitti che albergano nell'animo dell'uomo. Questa dualità rappresenta una sfida continua per coloro che cercano di comprenderla e affrontarla.

Da una parte, i vampiri seducono con la loro bellezza eterea, il loro fascino ipnotico e il loro potere di attrarre le vittime nel loro abbraccio mortale. Questo aspetto affascinante li rende simboli dell'attrazione proibita e dell'oscurità che alberga nei desideri umani. Le loro capacità di seduzione mettono in luce quanto sia fragile la linea tra la passione e l'autodistruzione, spingendo le vittime a cedere ai loro desideri più profondi.

Dall'altra parte, la natura letale dei vampiri è evidente nella loro sete insaziabile di sangue umano. Questo aspetto li rende pericolosi predatori, disposti a sacrificare vite umane per soddisfare il loro bisogno vitale. Questa fame eterna rappresenta l'oscurità più profonda dell'anima umana, la ferocia che può emergere quando si è spinti oltre il limite.

La doppia natura dei vampiri riflette quindi i conflitti e le ambivalenze che risiedono in ciascuno di noi. Essi incanalano i nostri desideri più proibiti e le nostre paure più profonde, offrendo uno specchio delle oscure profondità dell'essere umano. È importante ricordare che, dietro al loro fascino seducente, i vampiri nascondono una minaccia mortale. Questa dualità è una costante richiamata a riflettere sulla nostra stessa complessità e sulla lotta interiore tra il bene e il male che caratterizza la condizione umana.

La sete di immortalità è un desiderio profondo e ancestrale che risiede nel cuore di molti esseri umani. I vampiri, con la loro eterna giovinezza e longevità, rappresentano questa inquietudine in modo straordinario e spesso spaventoso. Questo desiderio di sfuggire all'invecchiamento e alla morte è una delle paure più profonde che i vampiri mettono in evidenza.

L'essere umano è intrinsecamente legato all'idea del tempo, che scorre inesorabile portando con sé l'invecchiamento e, alla fine, la morte. Questa realtà inevitabile suscita paura e desiderio simultaneamente. L'idea di un'eterna giovinezza e di una vita senza fine attrae molti, ma è accompagnata da un lato oscuro. I vampiri, pur mantenendo la giovinezza eterna, pagano un prezzo terribile: la perdita della loro umanità, la fame di sangue e l'isolamento eterno.

La loro condizione di non morte rappresenta quindi una condanna, piuttosto che un dono. Questo aspetto mette in guardia contro la sete di immortalità non desiderata, che potrebbe portare a conseguenze terribili e alla perdita della propria umanità. I vampiri sono un monito che ci ricorda la bellezza e la fragilità della vita umana, e quanto sia importante accettare il ciclo naturale dell'esistenza.

In ultima analisi, i vampiri incanalano la sete di immortalità e la paura dell'invecchiamento in una narrazione che ci invita a riflettere sulla nostra condizione umana. Rappresentano il desiderio umano di sfuggire alla caducità della vita, ma anche le tragiche conseguenze che possono derivare da tale ricerca. La lezione che possiamo trarre da queste creature leggendarie è quella di apprezzare la vita nel suo intero, con le sue gioie e le sue sfide, accettando il passare del tempo come parte integrante della nostra esperienza umana.

La capacità di sedurre le vittime è una delle caratteristiche più distintive e spaventose dei vampiri. Questi esseri sovrannaturali possiedono un potere di seduzione irresistibile, in grado di affascinare e intrappolare le loro vittime in una rete di desiderio e paura. Questo potere rappresenta la paura di perdere il controllo di fronte a forze oscure e irresistibili, un tema che risuona profondamente nell'essenza umana.

La seduzione dei vampiri è spesso descritta come un'esperienza intensamente magnetica. Le vittime si trovano attirate inesorabilmente verso di loro, incapaci di resistere al loro fascino. Questo potere rende la paura della perdita di controllo ancora più intensa. Gli esseri umani, esseri razionali e dotati di libero arbitrio, si trovano improvvisamente a mercé di forze che sfuggono alla loro comprensione e al loro controllo.

La seduzione dei vampiri rappresenta anche la lotta tra l'attrazione e il pericolo. Le vittime sono consapevoli del rischio mortale che corrono, ma al contempo sono irresistibilmente attratte dai vampiri. Questo conflitto interno mette in evidenza la vulnerabilità umana e la capacità delle tentazioni oscure di far vacillare persino la volontà più forte.

La seduzione dei vampiri incarna la paura della perdita di controllo su se stessi e delle forze oscure che possono attirare e corrompere. Questa è una paura profonda e universale che risuona in tutti noi, poiché affrontiamo le tentazioni e le sfide della vita quotidiana. I vampiri ci ricordano che il confine tra la luce e l'oscurità è spesso sottile, e che dobbiamo essere cauti nel navigare le acque pericolose della seduzione e del desiderio.

Il mito dei vampiri, con le sue oscure e spaventose rappresentazioni, è profondamente radicato nella psiche umana. Esplorare questo mito può portare alla luce alcune delle nostre paure più oscure e nascoste, aprendo la porta alla comprensione dei nostri aspetti più profondi e alla gestione più consapevole di tali paure.

Uno degli aspetti psicologici più interessanti legati ai vampiri è la rappresentazione dell'oscurità interiore. I vampiri spesso incarnano i nostri desideri proibiti e le nostre tentazioni più profonde. Questo richiama alla mente il concetto di "ombra" nella psicologia, cioè quegli aspetti della personalità che sono repressi o ignorati consciamente ma che comunque esistono nell'inconscio. Esplorando il mito dei vampiri, possiamo affrontare il nostro lato oscuro e comprendere meglio i nostri conflitti interiori.

Inoltre, il mito dei vampiri può aiutarci a esaminare la paura della mortalità e la ricerca dell'immortalità, che sono temi profondamente radicati nell'esperienza umana. La paura della morte è universale, e i vampiri, con la loro condizione di non morte e l'immortalità forzata, ci costringono a confrontarci con questa paura primordiale.

Il mito dei vampiri può anche aiutarci a riflettere sul tema della seduzione e del desiderio in un contesto psicologico. Le tentazioni oscure rappresentate dai vampiri ci costringono a esaminare i nostri stessi desideri e le forze che possono trascinarci lontano dalla retta via.

I vampiri, in tutte le loro incarnazioni mitiche, rappresentano una vulnerabilità umana profonda e universale, e questa vulnerabilità è spesso messa in evidenza durante il sonno. La paura ancestrale di essere attaccati da creature notturne risveglia istinti di autodifesa che risiedono nel nostro patrimonio genetico.

Il sonno, il momento in cui ci arrendiamo completamente alla nostra vulnerabilità, è il momento in cui i vampiri emergono dalle ombre. Questo richiama alla mente l'antica paura dell'oscurità, quando la notte era il momento in cui l'umanità era più esposta ai pericoli del mondo. Anche se nella società moderna abbiamo raggiunto una certa sicurezza grazie all'illuminazione e alla tecnologia, la paura ancestrale della notte e dell'oscurità persiste nei recessi della nostra mente.

Il mito dei vampiri ci ricorda che, nonostante tutti i progressi e le difese che abbiamo sviluppato, rimaniamo esseri umani vulnerabili quando dormiamo. Questa vulnerabilità è una parte intrinseca della nostra condizione umana, e i vampiri ne sono una rappresentazione vivida e spaventosa. Ci costringono a confrontarci con la realtà che, anche nella nostra epoca moderna, esistono forze che possono minacciare la nostra sicurezza e la nostra vita, soprattutto quando siamo più indifesi.

Pertanto, il mito dei vampiri mette in evidenza una delle paure più profonde e primitive dell'umanità, quella di essere sorpresi e attaccati nell'oscurità del sonno. Questa paura riflette una parte essenziale della nostra psiche e ci ricorda che, nonostante tutti i progressi e le conquiste della civiltà, alcune paure rimangono intatte nel nostro inconscio collettivo.

Il fascino oscuro dei vampiri è un elemento intrigante e misterioso che attrae molte persone. Questa attrazione per il proibito e l'ignoto è profondamente radicata nella psiche umana. I vampiri incanalano il desiderio di avventura, il richiamo del mistero e la tentazione di esplorare il lato oscuro dell'esistenza umana.

Queste creature sovrannaturali rappresentano un'evasione dalla monotonia della vita quotidiana. La loro immagine affascinante e misteriosa suggerisce un mondo al di là dei confini della realtà, un mondo in cui le regole sono diverse e le passioni sono intense.

Questo richiamo può essere irresistibile per molte persone che cercano una via di fuga dalla routine e dalla normalità.

Inoltre, il fascino dei vampiri può essere associato al concetto dell'eterna giovinezza e dell'immortalità, desideri profondamente radicati nell'essere umano. La paura dell'invecchiamento e della morte spinge molte persone a cercare una sorta di elisir di giovinezza, e i vampiri rappresentano l'incarnazione estrema di questo desiderio. L'idea di una vita eterna, anche se accompagnata dalla non morte, può essere allettante per coloro che temono la fine della loro esistenza.

Tuttavia, è importante ricordare che dietro questo fascino oscuro si nasconde una realtà spaventosa. I vampiri sono creature letali, che si nutrono del sangue umano e spesso rappresentano una minaccia per l'umanità. Il loro affascino può portare a una sorta di "sindrome di Stoccolma", in cui le vittime cadono sotto il loro controllo, affascinate e intrappolate dalla loro seduzione mortale.

Il fascino oscuro dei vampiri è un riflesso dei desideri umani di avventura, immortalità e mistero. Tuttavia, è importante ricordare che dietro questa seduzione si cela un pericolo mortale che va affrontato con cauzione e consapevolezza delle conseguenze. I vampiri possono essere affascinanti, ma sono anche letali, e questa doppia natura li rende creature complesse e temibili.

Il conflitto tra il bene e il male è una tematica centrale nelle storie dei vampiri. Questo dualismo riflesso nei vampiri richiama il desiderio innato dell'essere umano di comprendere e gestire la complessità morale dell'esistenza. I vampiri, con la loro doppia natura, incapsulano questa lotta tra luce e oscurità in modo viscerale e spesso disturbante.

Da un lato, i vampiri sono rappresentati come creature malvagie, depredatrici di vite umane e simboli del male puro. Si nutrono del sangue umano, causando sofferenza e morte ovunque vadano. Questa rappresentazione li pone chiaramente nel ruolo dei cattivi, alimentando la paura e l'avversione nei loro confronti. La loro immagine di predatori notturni, che si nascondono nell'oscurità per colpire le loro vittime indifese, è una manifestazione tangibile del male.

Dall'altro lato, però, i vampiri possono essere ritratti come creature tormentate, intrappolate in un'eterna lotta con la loro stessa natura. La sete di sangue e la condanna a vivere nell'eterna non morte li mettono in conflitto con la loro umanità residua. Questo dualismo interiore li rende complessi e, in qualche modo, tragicamente affascinanti. La loro lotta per mantenere il controllo e cercare una via verso la redenzione aggiunge profondità ai loro personaggi.

Questo conflitto tra il bene e il male nei vampiri è un riflesso delle ambiguità morali e delle sfide psicologiche che affrontiamo nella vita reale. L'essere umano è spesso sospeso tra scelte morali complesse, e i vampiri, incarnando questa lotta interna, ci permettono di esplorare queste tematiche in modo allegorico.

I vampiri ci costringono a confrontarci con le nostre stesse contraddizioni e a riflettere sulle sfide morali e psicologiche che tutti dobbiamo affrontare.

L'influenza dei vampiri sulla cultura popolare è, senza dubbio, destinata a perdurare nel tempo. Queste creature sovrannaturali sono diventate un archetipo dell'oscurità e dell'attrazione, e il loro impatto su letteratura, cinema, televisione, musica e arte è profondo e inestimabile.

Nel corso dei secoli, i vampiri sono stati costantemente reinventati e reinterpretati in modi sempre nuovi e sorprendenti. Da Bram Stoker a Anne Rice, da "Dracula" a "Intervista col Vampiro", le storie di vampiri continuano a catturare l'immaginazione degli scrittori e dei lettori. Queste opere letterarie offrono un terreno fertile per l'esplorazione di temi complessi come la mortalità, la moralità, la lussuria e la perdita di controllo.

Nel mondo del cinema e della televisione, i vampiri sono diventati protagonisti di innumerevoli film e serie TV, spesso trasformandosi in figure ambigue e affascinanti. Dalle pellicole horror classiche come "Nosferatu" agli adattamenti moderni come la saga di "Twilight" e le serie di successo come "True Blood" e "The Vampire Diaries", i vampiri rimangono un soggetto intramontabile. La loro capacità di rappresentare il lato oscuro della natura umana e di incanalare le nostre paure più profonde li rende irresistibili per gli autori e per il pubblico.

Anche nell'arte visiva, i vampiri sono stati ritratti in modo iconico. Dall'espressionismo tedesco alla pop art, dalla pittura classica all'arte contemporanea, i vampiri sono diventati soggetti di ispirazione per molti artisti. Le loro immagini oscure e suggestive continuano a suscitare curiosità e fascinazione.

Inoltre, la musica ha abbracciato il tema dei vampiri in molti generi, dalla musica classica alle canzoni pop, dal metal al goth. Le loro storie di immortalità e desiderio sono diventate fonte di ispirazione per testi e melodie che catturano l'immaginazione degli ascoltatori.

L'influenza dei vampiri sulla cultura popolare è un fenomeno intramontabile. Queste creature, con la loro doppia natura e il loro richiamo all'oscurità, continueranno a essere fonte di ispirazione e di riflessione per le generazioni future. Mentre esploriamo il mito dei vampiri, è importante ricordare che, nonostante la loro affascinante seduzione, restano pericolosi e vanno temuti. La loro presenza nell'immaginario collettivo continua a nutrire le nostre paure più profonde e a sfidare le nostre concezioni di bene e male.

In conclusione, è fondamentale mantenere una consapevolezza critica riguardo alle paure profonde e agli archetipi culturali che permeano la nostra psiche. Il mito dei vampiri, sebbene basato su creature leggendarie, è una lente attraverso cui possiamo esaminare le nostre ansie più profonde e i desideri più reconditi. La loro esistenza nell'immaginario collettivo è un richiamo costante a esplorare le ombre della nostra natura umana.

È importante riconoscere che, nonostante il loro fascino e la loro seduzione, i vampiri rappresentano il lato oscuro e pericoloso del nostro immaginario. Essi incarnano la paura della perdita di controllo, la sete di immortalità, la tentazione della seduzione e molte altre paure radicate nel nostro subconscio. Queste paure meritano attenzione e comprensione, poiché ci permettono di esplorare aspetti profondi della nostra psiche.

Tuttavia, è altrettanto importante ricordare che i vampiri rimangono creature leggendarie, frutto dell'immaginazione umana. Nonostante il loro richiamo, dovremmo affrontarli con cautela e consapevolezza del loro potenziale pericoloso. Questo ci insegna a gestire le nostre paure e a riconoscere il confine tra realtà e fantasia.

In definitiva, il mito dei vampiri è una parte intrinseca della cultura umana che continua a sfidare e a ispirare. Mantenere una consapevolezza critica riguardo a queste creature sovrannaturali ci permette di esplorare il terrore e il mistero che risiedono nell'oscurità dell'animo umano.